楊定一書房

全部生命系列

康健雜誌 天下雜誌

Always as is,
In love!

楊定一㊟

全部的你

The Totality of You

【編者的話】神聖的會晤／陳夢怡 009

【序言】／楊定一博士 015

第一卷　這個世界，離不開念頭 019

01 全新的意識狀態 020
02 醒覺，是從人生的前景，找回生命的背景 026
03 頭腦的監獄 032
04 我們是感官的囚犯 035
05 不是活在過去，就是活在未來 042
06 我們是念相和情緒的組合 048
07 我們是萎縮體 051
08 念頭和萎縮是我們痛苦的來源 062
09 療癒萎縮體 068
10 走出時空，跳出腦的內容 071
11 「存在」與「作為」之別 077

第二卷　走出身分跟「我」　085

01　到處都不愉快　086
02　建立身分　089
03　任何身分，包括「我」，也都只是念相　094
04　「我」永遠需要更多　100
05　「我」跟念頭都是無常的　106
06　「我」跟任何念頭，也只是局限的　108
07　透過「我」看生命　113
08　超越「我」，也就是從「相對」找到「絕對」　118
09　不圓滿的關係　124

第三卷　這裡！現在！——開啟人生的鑰匙　133

01　超越和奇點　134
02　只有「這裡！現在！」是真實的　140

03 除了「這裡！現在！」，其他的一切都不真實 147
04 「這裡！現在！」是解脫唯一的門戶 152
05 容納一切的形相，也就自然進入「這裡！現在！」 158
06 全部的你，在每一個角落都存在 165
07 關鍵的，是空檔 169
08 生命，不需要非得怎樣 174

第四卷　透過形相，醒覺 189

01 把每一個形式，當作意識轉換的門戶 190
02 當下是個場 195
03 向萬物說是 204
04 我什麼都不知道 208
05 什麼都不知道，我每一步都是最後一步 214
06 到處都是恩典 222
07 生命來活你 227

08 真正的愛，就是愛自己 230
09 業力，也只是制約 236
10 死亡與失落——帶來意識轉變的機會 240
11 我們的身體結構，就是為了呈現全部的你 248

第五卷 一切也只能是這樣 255

01 一切本來都圓滿 256
02 體悟，也只是改變意識的焦點 262
03 用空檔來看世界 267
04 就讓醒覺的光透進來吧 270
05 再一次回到——存在與作為 273
06 透過語言，最多只能留下路標 280
07 世界是個全像圖 286
08 全部的你，是人類的偉大傳承 289

第六卷　更多的路標

299
01　透過知識，一個人不可能解脫　300
02　沒有任何東西，有獨立的存在　307
03　看清，就是解脫　312
04　「這裡！現在！」，是人生最根本的狀態　319
05　醒覺，也只是落在最根本的生命狀態　325
06　「這裡！現在！」是不可能失落的　328
07　沒有什麼好寬恕的　332
08　活在「這裡！現在！」，跟守不守戒不相關　336
09　走出人間的牽絆　339
10　跟生命全面配合　347
11　你既是前景，又是背景　355

第七卷　實踐當下　363

01 靜，就是當下　364
02 修行不用時間　374
03 是嗎？　379
04 沒有絕對的重要！　382
05 我毫不抗拒　385
06 對生命，對一切說「好！」　388
07 存在，我只是這樣　392
08 “Oh”——喔，是最好的靜坐法門　396
09 聽，聽，聽　400
10 笑，微笑，會心一笑　408
11 就讓感受存在　412
12 一個醒覺的呼吸，一個醒覺的一步，也就夠了　416
13 每一個瞬間，都是神聖的　419
14 感恩的練習　422
15 我是誰？　431

【編者的話】神聖的會晤

陳夢怡

所有顛覆了「一本書」的安排，為的都是帶來一個接觸「這裡！現在！」的路標。——包括在寫作的當下此刻——

這本書，完全不是用傳統的方法寫出來的，也不是楊定一博士和我過去的合作模式——他寫，我譯。這一次，作者、譯者就是楊博士自己。

這本書，從書名 *The Totality of You* 定為《全部的你》開始，楊博士在短短時間內畫了好多草圖，接著錄製《你，在嗎？》，以及接下來的專訪和演講，核心的思想已經呼之欲出。然而，沒有人知道那會是什麼。

而我有幸，不只參與了《全部的你》十四萬字從「無」中生出「有」的過程，還親身體驗了「從寧靜中流露的文字」的影響力。

連續三個星期的口述、筆錄、編輯，再三個星期的彙總、整理、修訂、補充，我彷彿看得到楊博士在口述的過程中，怎麼將內心深處的湧現，轉譯成華文讀者所能理解的最淺白的語言。將這十四萬字帶到人間，呈現給你，呈現給我。

過了第一週，我已經不覺得這是一份普通的筆錄工作，而是閉關。是靜坐。是修行。每天，我抱著電腦進去楊博士在長庚生技辦公室旁的小會議室。他處理完手邊的公事，坐下來。我開電腦，他開始口述。最奇怪的是，明明才開始沒多久，竟然，幾個小時就過去了。而我，根本無法解釋這幾個小時怎麼會過得那麼快，那麼沒有痕跡。

我沒辦法解釋我的時間感，只好和同事開玩笑——我大概是被外星人綁架了。那段期間的記憶，好像一出小會議室，就被自動抹平。更精確的說法是，我所經驗到的，沒有辦法用誰做了什麼、說了什麼的日常語言來敘說。

好幾次，我停下在鍵盤上飛舞的手。因為，這些文字，在毫無預警的情況下，猛然敲擊我的內心，挪開了幾十年來無人理解的成長挫折、困惑、絕望——這些壓在靈魂深處的大石頭，讓一絲理解的光明透了進來。我所追求的靜坐、修行、心理療癒，在這一線光明的照耀下，成了一顆顆來時路上的卵石，安然地在它與我初會面的角落，散發著溫潤的存在。

在每天寫作的會晤中，有時是楊博士口述，我記錄，偶爾有些討論。

楊博士常叮嚀我，因為他在國外長大，務必要幫他留意口語是否清晰流暢。基於文字工作者的自我要求，我也很理所當然地把潤飾文字當作我的責任。然而，無論是面對面的讀稿，或是我回家後，為了校稿而在電話上讀給朋友聽、讀給楊博士聽的過程，我常常跟著文字，一下子就進入了一種安靜的無念。我的朋友也告訴我，他在聽我讀的時候，會先讓自己放鬆，接下來，聽著聽著，腦海自然隨著文字的內容，開始浮現一些影像、一些記憶、一些人生的片段，在這些片段和畫面的浮現中，似乎正在穿越過去和未來，而又同時是在「這裡！現在！」看著它。用他的說法是，非常有療癒的作用，而在接下來的一整天，感覺到整個人比較精神、比較放鬆。

就這麼一路校讀過去，到最後，我所做的修訂非常非常少。就好像這本書的文字，本身有一個流動，不需要我去改動。它，本來就很好。

三個星期後，要翻譯楊博士為專輯《你，在嗎？》所寫的序。打開檔案，我竟然無法下筆。我發現自己沒辦法再套用二十多年翻譯經驗所累積的習慣，去面對文字。那一刻，我好感慨——才幾個星期，我已經不是原來的我。失去了套路，這個世界，會是什麼樣子？我有足夠的勇氣去直接面對這個世界嗎？

和楊博士寫這本書，並不是一個一開始就知道終點的旅程。我相信，合作的插畫家、協助校讀的同事，也都有自己的感觸，但願我能代他們分享出來。我很佩服兩位插畫家，在短短的溝通後，將楊博士的草圖或概念化為讀者所看到的畫面。這些圖，彷彿閃閃發光，在文字的流動中，為概念賦予了新的生命，帶來新的氣息。

我們一般所熟知的寫書過程，主要是知識的積累、重組與產出，不斷地產生「作者我」和「讀者你」的距離。然而，我相信，你在讀這十四萬字時，確實如他所說的，你會覺得這些話就是從你心裡不知道哪裡流出來的。讀者—作者的距離，在這本書裡，看不到蹤影。

這本書，和楊博士過去的作品很不一樣。但同樣的，目的不是寫一本「真實的知識大全」。而是透過理性而親切的論述，結合圖畫，以及帶著散文詩風格的練習，將這些再明白不過的事實帶到眼前。並且，和讀著這本書的你一起去碰觸——那無所不在卻又忽隱忽現的真實。

除了從第一頁一路往下讀到最後一頁，也可以在一天的煩擾之餘，信手翻開一頁，將自己交出來，給眼前的圖畫與文字一點時間，和自己的心談一談。更可以放下這本書，大膽地去讀眼前的世界這本大書。你知道的，這本書永遠在等著你，一直在這裡等著你。

如果，如果（瞧，這已經不是當下此刻了）這本書能表達些什麼，但願它能在文字符號的局限內，帶來一些路標，指向——全部的你，全部的我，全部的生命，全部的宇宙。同時，它仍可以安然的只是一本書，就只是一本書，而不是全部。

【序言】

楊定一博士

全部的你，也可以稱全部的我，全部的生命，全部的一切，是我認為現在我們大家最需要的一堂功課。

簡單說，我在《全部的你》是希望強調——生命是遠遠超過任何生活帶來的狀況、危機，或是一切。

我們人，每一個人，本來都是完整的、圓滿的、永恆的。但是，很不幸的，活在這個世界上，讓我們把那麼簡單的真理都忘記了，忽略掉了。

把自己找回來，也可以稱——醒覺，也就是人生最大的目的。相對的，其實其他的一切，都不重要。

全部的你，全部的我，全部的一切，是古人留下來的最完整的哲學系統。它是包括智慧，又包括慈悲的大法門。

這個傳承自古以來，到現在沒有斷過，甚至不可能有斷層。因為宇宙本來就是醒覺的，而我們就是宇宙的一部份。我希望透過這本書，可以把讀者一起帶回到自己的家、自己的本性，也就是——自己的心。

如果你懂了這些，也就不用再讀下去，而是，就好好過吧。做一個圓滿的人、快樂的人、活在現在的人、活在當下的人。

但是，假如你跟我、跟大家都一樣，雖然懂這些話，但是會忘掉的話，我希望，還是讓我繼續分享下去。

活出全部的你，也就是活出全部的生命潛能。

進一步說，人生最大的目的，也就是從人間無意識的昏迷中醒覺過來。醒覺，一般人稱解脫，是可能的。不光是可能，它是人生最根本、最容易的狀態。但是，我們一般人絕對不會相信，更不認為可以做到，就算可以醒覺，也不認為這一生就可以做到。

醒覺，不是透過逃避，不是透過追求，更不是透過任何動作或轉變所達成的。醒覺只能透過存在，它是我們本身一個最原初的狀態。可惜的是，我們每一個人都忘記了。

也就是說，我這裡所談的，是每一個人早就有的。雖然這本書提出的觀念，跟人間都是顛倒的，很多觀念和看法，跟你一生所聽到的、見到的、學到的都相反，甚至違反了全人類所帶來的知識。但是，我相信，只要你用「心」讀這本書，你會發現——這本書所講的一切，你老早就知道。你的心，知道。而且，一點都不會驚訝。

這本書是透過口述留下來的，我之所以選擇口述，不光是考慮中文寫作的限制（我在西方長大），而是因為這本書是從內心的寧靜、全部的寧靜轉達出來的，可以說是真的從「沒有」化出「有」。從這種寧靜所帶出來的語言，我才可以跟全部的生命完全接軌，跳出時空一切的限制。這麼說，讀這本書也不用根據任何順序，從每一個角落，我希望都可以帶回到——全部的你。

第一卷　這個世界，離不開念頭

我們所看到的世界，其實是透過感官所帶來的資訊所組合而成的。任何東西，我們所看到、聽到、聞到、嚐到、摸到……都是資訊，經過腦部的處理而轉出來的印象。我們連最堅實的東西，比如說花崗岩，都是透過神經系統的電子訊號所轉出來的認知。嚴格講，連個石頭都是個念相，而這世界完全是念相組合的。但是，我們把所有的形式當作真實，創出我們所認為的人生。

怎麼走出這個虛擬實境，而接觸到全部的生命——是我這本書想轉達的。

01 全新的意識狀態

全部的生命，我這裡把它稱為全新的意識狀態。

嚴格講，它既是最新、也是最原初的意識狀態。我們每一個人都有，只是，透過人間，把它忘掉了。

我們通常談意識，講的其實是三種日常狀態，也就是醒著的狀態，作夢的狀態，以及深睡無夢的狀態。從過去到現在，人類都知道人生要解脫，要跳出這三個狀態。我們總是認為這三個意識並不能代表我們的一切。古人認為第四意識（梵文稱*turiya*）才是真正覺醒，也就是醒覺的意識狀態。相對的，前三個意識狀態，古人反倒認為是無意識的昏迷，也就是昏迷的意識狀態。

作夢或是深睡無夢，我們倒可以理解為什麼會稱為無意識的昏迷。比較難懂的是，一般醒著的狀態，比如說你現在讀這本書，我在口述，或他在辨事、走路……怎麼可能是無意識的昏迷？

這裡本身可能就產出來一個矛盾，我希望透過這本書來解答。

其實，古人稱前三個狀態為有條件的意識（conditional consciousness）。它本身受到種種設定、種種條件的約束，全部都是透過念頭所組合的。進一步講，我們所認知的世界，離不開念頭。甚至我們所看到的全部形相，也只是「念相」（thought-form）。它本身沒有獨立的存在，而是透過神經系統所轉出來的資訊。本身也是無常的，是透過「因」才得來的「果」，接下來，又環環相扣衍生出其他的因果。這些形相都是靠不住的，都會讓我們體會到人生的局限，就好像跟我們的生命一樣會生，一樣會死。

古人總是認為，有一個永久的東西，是我們可以得到。同時，也有一個不生不死的意識，也是可以找到的。這個意識是個整體的意識，包括一切，不受時空的限制。它不光是永恆，還是無限大的。第四意識，也就是不生不死的永恆的意識。也就是醒覺的意識。所以，與醒覺的意識相較，前三個局限的意識就被稱為無意識的昏迷。

前三個狀態都是從過去的設定所累積來的，而且，這個設定也就是種種條件累積下來的果。還不光是個人一生所累積的條件，它是綜合全人類上萬年的狀況，涉及個人、家庭、社會、民族、遺傳……所留下的因子，也可以說是我們全人類的DNA，從某個層面來說，也就是精神上的DNA。

一般人不會探討這個問題，也就是說我們隨時困在這三個意識裡，不容易看清。就像一尾魚活在水裡，看不到水域以外、陸地上的東西。更可笑的是，連「水」都沒辦法體會到，因為牠就是活在水中，以為水以外沒有生命。同樣的，人類正是透過這三個意識，組合出我們的人間，我們自然會把這三個意識就當作人

全部的生命，是透過醒覺的意識才可以體會到，雖然它隨時都存在，也從來沒有離開過我們。但是，在生活的忙碌中，我們通常體會不到。我們就像魚在水裡游，它從來沒有離開過水，卻意識不到水的存在，也不知道怎麼描述它。

生的一切，根本不可能看到人間以外的可能。

幸運的是，因為前三種意識帶給我們不快樂，可以說是極端的不快樂，我們大家都把人生當成大的問題。透過種種的問題，我們每一個人都活在憂鬱、不安與焦慮中，總是希望得到某個方面的安慰或是解答，也總是認為人生應該要有更深層面的意義，甚至會問自己——「我這一生來到底是做什麼？」「難道世界就那麼悲觀？」「我的生命可能找出第二條路嗎？」

這麼說下來，沒有一個人快樂，沒有一個人能透過生活的轉變、時代的進步而變得快樂。不快樂，已經是一種文明的疾病。回頭看人類的歷史，也就是一連串的殘酷和悲慘。我們人的歷史，可以說就是一部悲慘史。所以，我們才會像古人一樣，重新探討意識的問題。

怎麼看透這無意識的昏迷、解開任何綁住我們的DNA、鬆脫種種限制了我們的設定——這就是解脫，也就是古人所指的第四意識，我們接下來稱「醒覺」。醒覺，非但包括了一般日常的三個意識，此外，也只有透過醒覺，我們才可以同時跳出有條件的意識。

好消息是，這個不同的意識狀態，是可以找到的。而且，我們是可以印證古人說的是正確的。難以置信的是，這個答案比任何人想的都簡單。

透過《全部的你》，我想強調的是，這第四個狀態，也就是我們本來就有的意識。就像前面三個意識，不用學、不用教、無需修、無需追求，這第四意識、醒覺的意識，也從來沒離開過我們的身邊。雖然，它確實是人類從古到今一直追求的境界，也只有少數人領悟到了，但它其實比任何人想像的更容易汲取。它本來就是我們本性的一部份，而且是主要的一部份。但是，因為過去設定所帶來的昏迷，我們把它省略，甚至忽略掉了。

不同的意識狀態

圖上方的三個意識狀態（醒著、作夢、深睡無夢），都是我們一般人日常生活的狀態。第四意識不受到念頭限制，所以才是真正的醒覺。醒覺，也就是超越一般念頭所帶來的種種制約和局限。醒覺，不是否定前三個意識狀態。透過醒覺，前三個意識其實還存在。醒覺，只是超越頭腦。

02

醒覺，是從人生的前景，找回生命的背景

醒覺，是輕輕鬆鬆存在，倒不是透過任何作為可以得到的。

我們要問的，應該是怎麼去汲取、記得、投入、找回來這個全部的意識，也就是醒覺——倒不是這個意識存不存在。

這個題目，也就是把全部的你找回來，倒不是智識上的清談玄聊。反而是我們現在人演化最關鍵、最急需的一堂課。透過前一章所提到的前三個意識狀態，我們人活了上萬年的痛苦和煩惱。即使物質條件變得更好，人生所帶來的悲傷並沒有減少，反而是加速倍增了。在日常的「醒著」狀態中，我們把整體的意識、完整的意識，局限成生活中體驗的狀況。這些種種狀況又離不開每一個人主觀的分別、判斷和理解。

這是因為我們這種「正常」的意識，其實是個分別意識。它是種種無限大、永恆意識的小小一部份。透過這個局限的意識，我們才可以在這個人

間對每個東西、每件事情作個區隔，讓我們可以運作，爭取更好的生存。

可惜的是，我們無形當中以為這是唯一可談、可追求的意識。這幾千年來，人類生存條件的進步，被我們當成意識存在的見證，卻忘記了這一意識同時帶給我們人類不斷的痛苦。我們回頭看，歷史上留下的種種災難，所造出來的分別和對立，也就是人類集體的瘋狂。就知道我們非要跳出這局限的意識，才可以永續生存，讓地球喘口氣，得到重生。

透過這第四個意識狀態，我們才可以充分理解——有一個無限大的意識，遠遠超過我們生活中有限的意識、有限的生活狀況。人間所帶來一切的變化，也就是我們每一個人的故事「內容」，我們就這麼把這些內容等同於我們自己。透過醒覺，我們才可以體會到，任何生活的狀況——再好、再不好、再順、再不順、再喜、再悲傷，也是整體生命的一小部份，是透過局限的腦所建立組合的。我們可以稱這一切生命所帶來的經驗為外在世界（或人生的前景）。我們的注意力都集中在這些經驗，反而忘了還有更廣大、更深沈的生命背景，是無法以這一局限的腦去表達、歸納的。我們可以稱它是生命，或智慧。

這個生命的背景，是我們每一個人都有的。它不受到任何條件的制約。它也是最源頭的意識。所以，我們前面才稱「一體意識」（One consciousness），也只是一個清楚的知覺。也只是輕輕鬆鬆的存在。還沒有人類之前，它老早就存在了。從來沒有不存在過。古人也把它稱「無色無形」、「絕對」、或「無條件的意識」（unconditional consciousness）。它本身既是無限大，也是無限小，不受時空的影響。

你聽到這些，也許會很驚訝，覺得很抽象，很遙遠，接下來會質疑——說這些，到底跟你有什麼關係呢？其實，沒有這個無條件的意識，也就是本書所稱的「背景」，不可能有五彩繽紛的生命，更不用講「有條件的意識」。再講清楚一點，各種形式的生命，和我們所看到的一切意識，是從這個背景延伸出來的。古人把這個背景稱為「因地」（causal ground）。

全部的生命，其實是生命的前景，加上背景；外在世界，加上內在世界。

外在的世界是無常，只有內在的世界是永恆。

透過外在的世界，一切生命的前景，不管多好、多不好，是不可能得到解脫的。即使透過這外在的世界，也不可能找到人生最終的意義。只有把這內在世界找回來，讓它豐盈，讓它綻放，一個人才可能把永恆的我、全部全部的你，也就是全部的生命，全部的一切。它是有形有色，再加上無形無相。它包括我們人生的前景，也可以稱客體意識。也就是我們人生面對的一切，再加上生命的背景，也就是不生不死，無色無形的一體意識。

在這個圖案中，人間就好像這個局限的圈圈，包括裡面的內容，也許是人、動物、東西和任何念相，這些內容就組合了每一個人的人生故事。圖案背景的微細點點，也就是生命的背景，我們通常是看不到的，也就是「因地」。從這個因地，人生的內容才可以延伸出來。

的我找到。永恆的我就是上帝。上帝就是我。兩者不可能分離，不可能區分的。

進一步說，用局限的腦來找到無限的心，是一個本書希望探討的悖論。因為這個問題本身就帶來一個矛盾——按常識說，無限囊括了有限，而有限無法囊括無限。當有限要去找回無限時，矛盾就出現了。

想不到的是，這個謎題的答案，比任何人想的都簡單。回答就是——有限的意識中，也存在無限的意識。假如不是這樣子，人類是跳不出來、解脫不了的。這是古往今來大聖人都懂的，都親身體驗的。

這麼說，透過人體，我們可以找到上帝，也可以稱之為佛性、道。找回全部的自己，也就是找回上帝，真正的回家。

更想不到的是，回家——不需要我們做任何動作。它其實跟任何追求、任何動作都不相關。它比一口呼吸、吃飯、睡覺都更簡單。

醒覺，或說任由第四意識自然展開，自然接手，隨時綻放開來，才是我們這一生來最大的目的。倒不是為了面對生活中的種種狀況、應付表相的挑戰和機會。從外在世界的角度來看，這些狀況、挑戰和機會當然重要。但是，站在整體生命的角度，這些狀況是太小的一部份了。從這些狀況和形相，跳出種種的制約和設定，是我們與生俱來的權利，不容錯失。

懂了這些原理，其實這本書也不用再讀下去。你不光懂了，還可以帶給地球一線光明，自然成為一個引發轉化的媒介。我在這裡，也祝福你。但是，假如你跟我們大家一樣，還不是完全懂，我建議你，與我一同踏上這趟旅程，希望可以完成你人生最大的目的。

03

頭腦的監獄

人生解脫，也只是解開腦帶來的困境。

我們人類演化的過程，可以說是從動物的無腦、無思無想，到思考，再到未來超越思考而無思無想的境界。雖然，超越思考讓我們感覺是好小的一步，其實嚴格講，它比蟑螂、青蛙到哺乳類的演化，是更大的一步。在一個瞬間，超越腦，會把人類從自己所造的痛苦、悲傷的歷史跳出來。讓我們每一個人找回自己、找回家。在這個時點，這種徹底的轉變是最關鍵的。這個地球，才可能永續存在。

它的困難，是因為這個腦所帶來的限制。透過上萬年的演化，我們逐漸變成一種會思考的生命形式。我們人類的腦，透過念頭，又沒辦法離開時空，會帶給我們一個虛擬實境。不要小看這個虛擬實境，它就像漩渦，只要跳進去，就出不來。從出生到老死，我們就在這漩渦裡打轉，看不到外面。

經過痛苦，再加上萎縮，這些現象就更堅固、更堅實了。這樣，才可能建立人類的制約，甚至演變成人類悲傷痛苦的DNA。

腦，透過不斷的念頭，變成我們的監獄。所以，說我們活在頭腦的監獄裡，真是一點都不誇大。這不是個人的問題，而是上千萬年沈重的包袱，是人類集體的問題。不光我們的先人走不出來，也讓我們被囚禁，不得自由。

很多人，懂了這些，會在靈性上面追求，希望掙脫這個心牢。但是，幾十年下來，即使透過各式各樣的功夫、努力追求，

我們人類的演化，就是從無能思考的無思無想，到有思有想，再進入超越思考而無思無想的狀態。也就是人的命運。雖然他超越這個腦，但也可以隨時把腦和念頭當作工具，這樣才可以體會到全部的生命。

通常還是沒辦法跳出頭腦的監獄。甚至愈活愈不愉快，覺得自己修行沒有成就，對未來失去希望。這是因為還有一個微細的「追求」、「動」的念，所以走不出來。

因為解答的答案比想像的簡單太多，必然會招致質疑——懷疑它太簡單，怎麼可能就這樣。

既然腦、念頭帶給我們人類這麼不愉快的生命和生活，而人，到處都不愉快，反過來，我們要問的是——為什麼那麼真？那麼堅實不破？

我們每一個人都被自己的腦困住了。腦產生的念頭，是我們煩惱的根源。然而，用思考是永遠跳不出這個牢籠的。

04

我們是感官的囚犯

從古人到現在都知道，要從痛苦解脫，必須超越一切，包括時空的觀念。

仔細觀察，我們腦的運作主要是靠兩個部份：首先有個知覺，這個知覺是靠看、聽、聞、觸、嚐而來的；除了最基本的知覺，還可以加個認知。這個認知可以把它當作知覺上的整合，讓我們對任何狀況或東西有個初步的掌握。接下來，我們的腦會把過去所存檔的相關資料調出來，跟現在的況狀比較，作一個分別分析，產生一個最可能的結果，推測下一步可能會如何。這麼說，我們人腦的運作架構，和電腦的作業很像。但說到底，應該是說——電腦的演算規則，其實是模擬人腦的運作而來的。

想不到的是，我們這五個知覺是相當有限的，只能捕捉這世界、這宇宙很小一部份的資訊。這些資訊也只是電子的信號，再透過腦的數字化編碼而成。假如我們人的肉眼，所見的不是落在可見光的光譜，而是落在音波或超音波的能量譜範圍，我們對這世界的體會，就完全不一樣了。許多動物透過不同的感知範圍，確實和我們人類「看」的世界完全不同，甚至是顛倒的。

進一步拿顏色當實例來談。我們大多數人可能都忘了，就連最簡單的白色光，其實是紅綠藍三原色的光，同比例組合起來的。也就是說，連白光都是很多色光的組合，才讓我們得到白色的印象。過去的人以為「我們是自己所見的一切」（We are what we see.）。其實，這句話只是描述——我

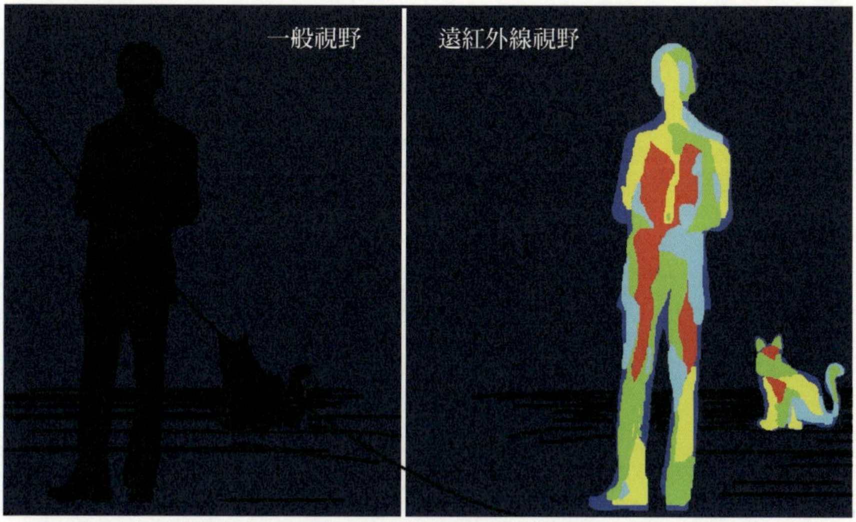

人透過感官所看到的世界。同樣是夜裡的世界，如果我們透過遠紅外線眼鏡來看，看到的視野就如右圖所示，而不是一般視野下的一片漆黑。不同的感官帶來完全不同的印象，而不同的印象，帶來不同的經驗。

們所認知的一切，是透過知覺所得到的資訊。

進一步說，假如人間沒有其他的顏色，我們也不能體會到什麼是白色。白色，不管它是怎麼組合起來的，還是一個「相對」的概念，需要其他顏色，才能區隔出它的特質——「白」。再進一步說，假如沒有無色無形，就不可能有形相，不可能有顏色，更不可能有「白」。人生所見的一切，本來就是相對的。是透過絕對的「無色無形」，我

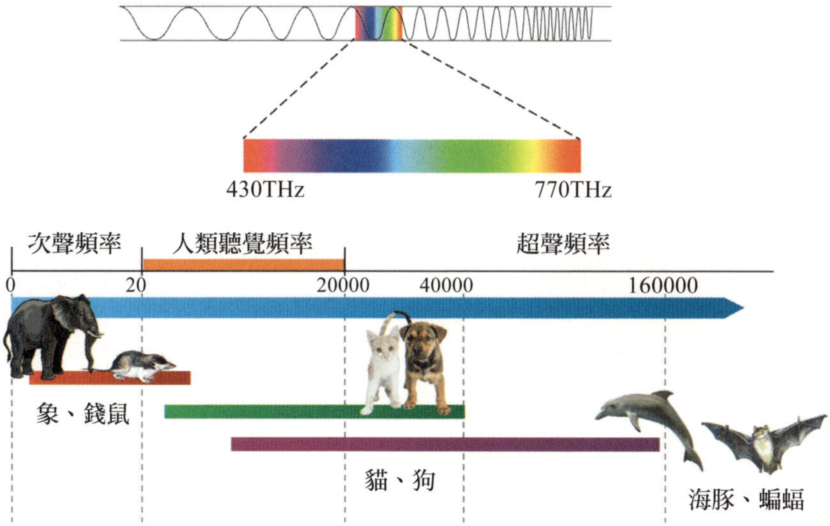

人所看到的能量譜只在可見光的範圍（波長 ~390-700 nm，頻率 ~430-770 THz），所聽到的能量譜也和海豚、大象、貓、狗不一樣。所以，人生的體驗也不一樣。任何能量譜，還只是現象，是「有」的一部份。「沒有」、無色無形，比任何能量譜所能標定的都大。任何能量是從無色無形生出來的。

們才可以看到人間。這種說法，跟一般人的想法完全是顛倒的。所以，我才會說「無色無形」隨時在人間。假如沒有它，沒有人間，也沒有這個世界。

一般人想不到的是，雖然這五個感知是相當窄的能量門戶，但它們本身都是螺旋場，所蘊涵的資訊遠超過感官資料。我們每一個人也許都有過「不看手錶，就直覺知道時間」的經驗，或是直觀、直覺的體會到某一個狀態。嚴格講，這個直覺雖然超過感官資料所帶來的資訊，但又不離這些資訊，兩者是分不開的。這是因為，每一個感官資料造出的螺旋場會重疊，而共振出一個更大的螺旋資訊場。這個原理，可以解釋為什麼人會有更深的知感，或一般人所稱的靈感、第六感。也可以說明為什麼人的身體感知可以有所謂的細胞記憶。這些知識都是目前很多心理療癒者在使用的，也有很明顯的效果。

可以說，從一個有限的感官資料，我們其實可以得到無限大的資訊。也就是說，透過資訊所產生的螺旋場，我們的感知可以擴

我們眼中的白色光，其實是三個原色的光組合而成的。這世界沒有任何絕對的真理。任何可見、可體驗到的，都還是相對的。

大。它可以解釋為什麼我們人體可以有特異功能，甚至有神通，和一般人理性難以想像的其他潛能。不光是人，動物也是如此。

說到究竟，每一個形相都含著更深層面的意識，甚至還含著無色無相。假如不是這樣子的話，也沒有什麼形相好談。是透過無色無相，任何形相才可以成形。

可惜的是，從感官知覺的第一接觸，我們立即把無限大的可能限縮到有限的思考。也就是從無限大的可能中，固定出一個可能。因為任何念頭，還只是「色」、「形」，而任何「色」、「形」都是局限、無常的。

所以，人腦把無限帶到有限，把上帝帶到人間，把宇宙帶到參考點……是合理的，是個體千百萬年摸索出來的生存之道——把不可捉摸的眾多可能性，簡化成可以操作的現實，才可以對環境的不可知有所反應。這也是人類演化了不起的部份，使人與動物有所區隔。無論從哪個角度，在腦的運作下，一體意識就從無形化為了有形。從未曾創生過的，化為創生出來的。把未曾化現的，轉為化現出來的。

腦的分別功能，也可以稱為工具，本來不是問題。沒有分別的功能，我們人類也不可能有今天的發達，也沒有什麼文明好談。問題在於比例，我們經過上萬年的發展，過度偏重了分別、歸納、分析、投射、預測的方向。

假如只有第一接觸的知覺，那麼，這世界本來是很單純的。無論發生什麼好事或壞事，不管多好、多糟糕，最多也是那麼一瞬間出現，下個瞬間消逝。因為發生的事，所看到的相，也只是在每一個瞬間出現。所以，嚴格講，也沒有生死之別，更不用講有什麼聯貫性。這也就是古人講的「活在當下」的意思。

這不光是動物隨時體驗的，還是每一個植物所體驗的。最有趣的是，我們跟動物、跟植物接觸，進入大自然，自然找回來這原初意識，帶回當下的體驗。

所以，我們說「頭腦的監獄」時，指的其實是認知分別的作用。也就是在第一知覺之上，我們又加上一層詮釋、分別、分析、判斷的功能，再賦予它一個概念。一切煩惱就是這樣子來的。一切人生的痛苦，也是這樣子來的。

進一步說，因為我們一般所認知的腦的作用，包括任何念頭、任何話、任何文字，都是從分別、詮釋所發揮出來的。這些運作都在相當窄、相當局限的範圍內打轉。我們也可以說，透過語言、思考、任何指標、標籤，是找不到這無限大的一體意識的（我們也可以稱其為上帝、佛性）。再進一步說，用語言、思考，不管我們認為多科學，是永遠不可能了解究竟真實，不可能了解真如的。

05 不是活在過去，就是活在未來

人生，是從念頭的幻覺建立的，而這些念頭不是停留在過去，就是投射在未來。

人生最大的痛苦，是從不斷的要求、追求所產生的。其實，早期的人和動物沒有多大差別，吃飽了，解渴了，就可以休息，好好消化。過一天，是一天。生活也只是滿足身體的需要，適應周邊環境的變化。透過文明化，人開始發展記憶，開始累積。不光把過去的經驗累積、存檔，還進一步可以隨時調回來，跟生活上種種狀況作個比較，得到學習。學習中，再進一步規劃，以防範未然，或爭取更好的機會。進一步講，我們人愈發達，愈會停留在過去或未來，透過思考（腦的動作），我們從動物求生的動力，轉成腦海中的求生動力。不光是回想、分析腦海中的記憶，還投射出各式各樣的可能性。人類文明化的過程，正可以用腦的思考來衡量。正是透過這個過程，我們每一個人都把瞬間當作通往目的地的手段。也就是說，透過過去的經驗，來達到一個更理想的未來。我們大家都在忙碌當中，哪有時間停在現在，正是因為現在不順心，我們才寧願待到未來！

有趣的是，我們的身體因為有一個機械和生理的架構，在很多層面還停留在動物的階段。我們生理的需要，即使到了現代，跟幾萬年前是一樣的，還是要吃飽、喝夠、休息。不幸的是，因為我

我們通常把「這裡！現在！」當成通往目的地的手段。人生就像一個樓梯，我們透過過去，想達到未來，把唯一真實的一步——「這裡！現在！」也只當作一個踏腳石，當作一個工具，達到未來。

們活在腦的境界，透過腦打造了一個虛擬實境。讓身體分不清這一切是腦袋裡的，還是外頭的現實，分不清表相與真相。於是，腦裡面的壓力自然轉化成身體上所面臨的壓力。因為神經系統真的以為隨時有危機，所以我們時時都「不在」。雖然跟身邊的人在交流，但心都跑到別的地方去了。很少停留在「這裡！現在！」，反而追求的都是「別地！未來！」。

甚至，我們會把「這裡！現在！」當作一個通往「彼地－彼時」的橋梁、樓梯。要通往更好的未來，更好的地點，更好的生活狀況。進一步說，回到這個世界，我們都以為「別的那裡－別的瞬間」會比「這裡！現在！」更好。

我們讀到這些話，不需要質疑。只要好好觀察每個人一生的經過，就能檢驗這些話正不正確。我們一生出來，自然就進入一個學習階段。從牙牙學語起，什麼事能做、不能做，什麼話能說、不能說，每一句話，甚至每個思考，就已經受到家庭的制約，反映了父母的教養方式、情感交流、人際互動……種種的生命價值觀念。父母的期待、對我們的規劃，我們自然就接受了。就像種子落入了心靈，生命的藍圖——未來怎麼成人、做什麼工作、人生規劃——就已經定型了。透過這些規劃，我們自然被灌輸了：要未雨綢繆，要為未來規劃、打算、計較。

等到我們入學，我們又進入了另一套更完整的規劃體系。透過小學、中學的基本學習，乃至於大學、研究所的進階教育，為個人的人生規劃作一個培養、鍛鍊和籌備。因為未來會比過去更有成就，或者反過來說，要透過過去跟現在更多的努力，未來才會有成就。所以，我們每個人就認真學習，累積知識，強化分別。同時，我們也把教育體系的

我們每一個人活在人間，就像旋風，從過去的旋風，轉到未來的旋風。我們人，在瞬間與瞬間當中，都不斷的活在過去的記憶跟未來的投射。雖然生命是透過「這裡！現在！」，也就是每一個瞬間所組合的。但是，我們很少人能夠停下來，停留在「這裡！現在！」。好像它只是一個過渡，或是一個不得不經過的過程，為了把過去，轉成一個更好的未來。

獎勵和懲罰納入心靈。進一步透過這完整的系統，將自己的能力作一個區隔和突顯，很早就自然建立了成功和失敗的觀念。

進入就業的市場，我們繼續接受環境的要求和期待，也進一步接收到別人對我們的判斷。我們盡力做個好員工，好同事，希望對人生的規劃目標可以更上一層樓。為了達成未來的規劃，一切短期的需求都可以犧牲。我們把人生濃縮成一個學習和準備的過程，為了佔領更好的未來。對大部份人來說，未來的表現，佔掉了大部份的人生精力。

有了對象，我們不光對自己，還對對象自然有期待。希望透過比較親密的關係，可以找到更完整的我、更圓滿的一切。因為，我們每一個人都帶著自己的設定一路到現在，對自己其實不滿意。自然期待透過伴侶，可以完成我們失落的「另一半」。

進一步，有了家庭，我們就自然落入父母的角色。不光要求另一半盡責，對孩子未來的要求更不用多說。從小到大，種種細節都要掌握。為了孩子「好」，我們做父母的，一切犧牲都值得。為了一個希望、一份前途、一個願景，我們就跟孩子一起，一路走下去。在這條人生大道上，重複當年父母走過的老路。

年紀更大了，身體機能開始衰退，開始有各式各樣的疾病。我們不光回想過去，還可能更把希望寄託在未來的下一代、下下一代。期待他們生活狀況更好，將自己年輕時未完成的心願，交給他們來執行。不知不覺的，把家庭、社會、民族的設定變得愈來愈牢不可破。更嚴重的，我們不光是活在一個「人在，心不在」的人生裡。無形中，還把每一個念頭（過去的經驗、未來的投射）當作固態的實相。從無色無相，把每一個念頭轉成有色有相的念相，讓它好像是個活生生的實體。

06

我們是念相和情緒的組合

人生所帶來的任何經驗，也只是念相，再加上情緒。

念相，其實是人類文明發展的重要一環，不容小覷。念相和念頭，相當於推動人類文明進步的馬達。我們一點都不能排斥，也不能小看。它讓我們跟動物區隔開來，也是人類最特殊的一部份。所以，念頭不是問題。過度的念頭才是問題，讓生命其他的層面完全被忽略了。

問題是：為什麼念頭可以產生那麼大的作用？不可否認，雖然有正向的念頭，但是大多數念頭還是相當負面的！

這個問題，可以從我們生理的科學找答案。每一個動物，包括人類，都會產生類似內分泌的傳導因子，來連接甚至放大神經信號，讓信號能在很短時間內轉達到身體某個部位，產生反應。透過這種擴大和轉達的效果，我們才可以有效率完成「環境變化↓神經信號↓肌肉、內臟反應」的路徑。經由這個連續放大的過程，我們才能及時因應環境中種種致命的威脅。這種資訊處理的架構，讓我們可以把握住生存，讓每個動物、每個人可以應對環境帶來的危機。相對的，很多傳導因子可以帶來另一個擴大的作用，也就是產生情緒。

情緒，其實是神經和肌肉內臟之間的介面。只是經過神經系統放大的一個信號，在身體上殘留下來的知覺感受。比如說，一隻狗要挨打，面對威脅和危險，它會產生恐懼的情緒，來擴大它的反應，讓肌肉可以繃緊，心跳可以加快，集中注意力，應對眼前的威脅。反過來，同一隻狗，吃飽了，吃了好吃的，它會產生一個滿足感，讓它覺得很舒服。這個舒服感同時讓消化系統開始作用，並讓全身肌肉放鬆，處於休息狀態，以配合身體的消化工作。

因為我們人經過上萬年的發展，通常都活在一個念頭、念相的境界，使身體分不清念相和現實。同時，一直處在念相引發傳導因子，傳導因子引發情緒的連鎖反應。我們不光受到念頭的負面影響，還受到情緒層面的衝擊，放大了身體的反應。仔細觀察，我們一般人的念頭，都是落在一個負面的層面，非但負面的多，而且我們對痛、恐懼、憤怒、委屈、嫉妒、窩囊……這類負面信息的反應更大。從演化的角度來說，這讓人類能夠成功地生存下來。但是，到現在，過程變成了結果，透過「放大負面信息」程序所造出來的身體反應，隨時佔據了我們的感受。

我過去常談自律神經系統的放鬆和緊張反應，解說的就是同一個現象。[1]我們現在很多人都活在一個繃緊的狀態，充滿了委屈、窩囊、不安全感，倒把放鬆、均衡給忽略掉了。

念頭，就是有那麼大的力量。我們每一個人都活在念頭的層面，把念頭和念相當作真實，為了走不出念相的世界而痛苦。

[1]請參見《靜坐的科學、醫學與心靈之旅》（以下簡稱《靜坐》）第十七章〈完全放鬆狀態的神經生理和功能變化〉，以及第二十五章〈生命力及意識場引動身體變化〉。

07 我們是萎縮體

任何負面的情緒，都會帶來萎縮。而長期下來，這些萎縮都會造成能量結，讓我們每個人都變成萎縮體。

情緒，尤其負面情緒對我們帶來的影響還不只如此，衝擊比我們所想的大。因為，長期下來，我們把念頭當作真實，也把相關的情緒當作真實，更沒辦法分清真假虛實。

長期以來，情緒體也自然變成一個活生生的實體，甚至比念相更堅實。因為情緒跟我們肉體的聯繫，比思考更接近、更緊密。

進一步講，一念所留下的影子，是透過情緒來表現。再進一步說，思考和念頭所帶來的傷害和傷疤，是透過情緒成形的。我們一生的失落、決裂、委屈，所留下的悲傷都是累積在情緒的層面，而這個情緒體又可以影響到我們的肉體。這些種種的情緒，本身就是過去的制約在我們身上留下的後果，可以直接影響我們的行為和生命價值觀，也可以直接影響我們的身體健康。

再說清楚一點，我們看這世界，其實是透過情緒的濾片來看的。我們腦部的邊緣系統（情緒腦）本身就是一個過濾網。[2]它有一個稱為杏仁核（amygdala）的結構，作用高於邊緣系統裡所有其他部位。一旦杏仁核被喚起了，就會去關閉邊緣系統的其他功能，而進一步關閉整個身體系統。從演化的角度來說，一開始，這可能是一個確保生存的系統，讓我們能注意到身邊任何一個威脅生命的危險。可惜的是，這個系統不光是被實質的危險喚起。還會被念相，也就是我們腦海裡的虛擬實境所喚起。它分不清這兩者的區別。

其實，我們每個人就是一個情緒的萎縮體（contraction body）。我們生出來，本來像是張開的手，是舒坦的、開放的，沒有顧慮，沒有憂鬱，一切的經驗都是新鮮而完美的。很可惜的是，念頭和情緒造成的萎縮，讓我們的心就只能受到這個萎縮體的作用，在種種恐懼、悲傷、焦慮的影響下，封閉

---

[2] 參見《靜坐》第二十三章〈情緒腦對身心平衡的影響〉。

生命雷達

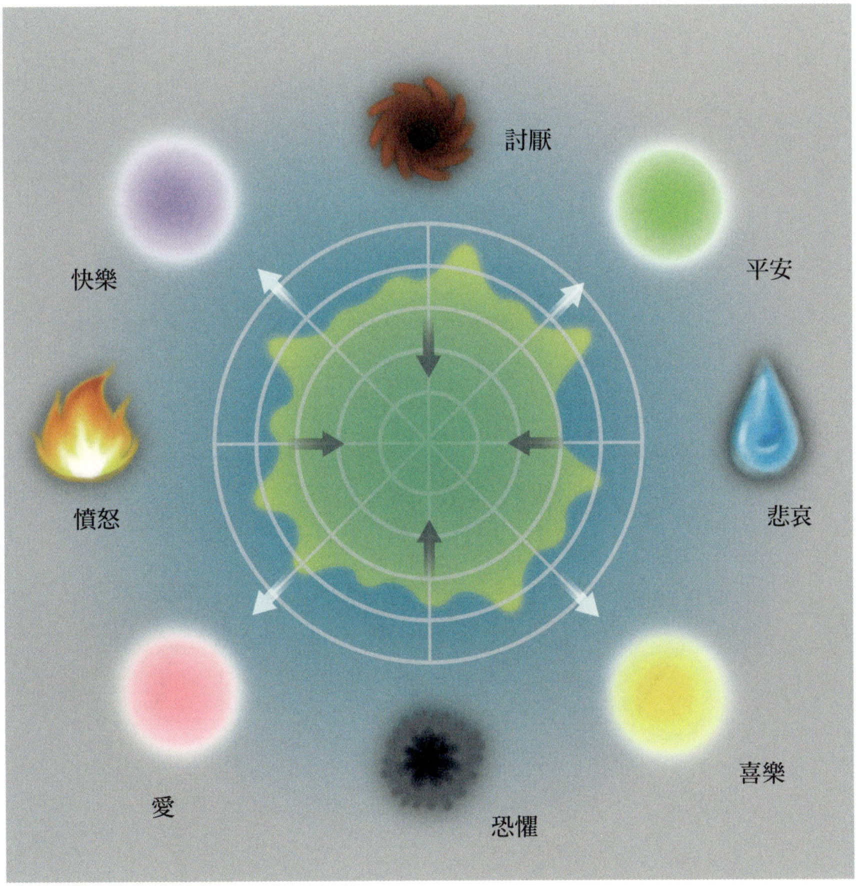

這一張情緒的雷達圖，讓我們可以體會人生所帶來的萎縮。本來每一個人都圓滿，本來就完整，就像雷達圖的外緣一樣。但是，經過對立和衝突，就受傷了，造成能量上的結，自然從圓滿進入萎縮狀況。每一個人的生命雷達都不一樣。

著看這世界。

怎麼把這種舒坦的打開狀態找回來？我們透過「全部的你」，可以找回來。

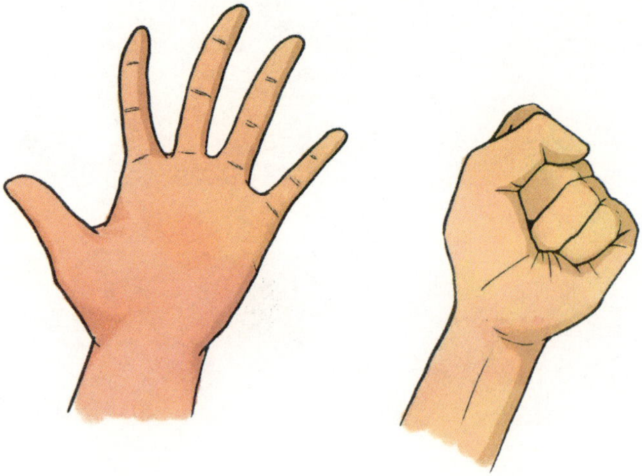

我們人，本來是單純、誠懇、爽快、舒暢的，就像放鬆的手。但是透過種種念頭和情緒，反而受到了萎縮。長期下來，我們就變成一個萎縮體，含著痛、不安、憂鬱、焦慮……，就像緊握不放的拳頭。

情緒的能量體

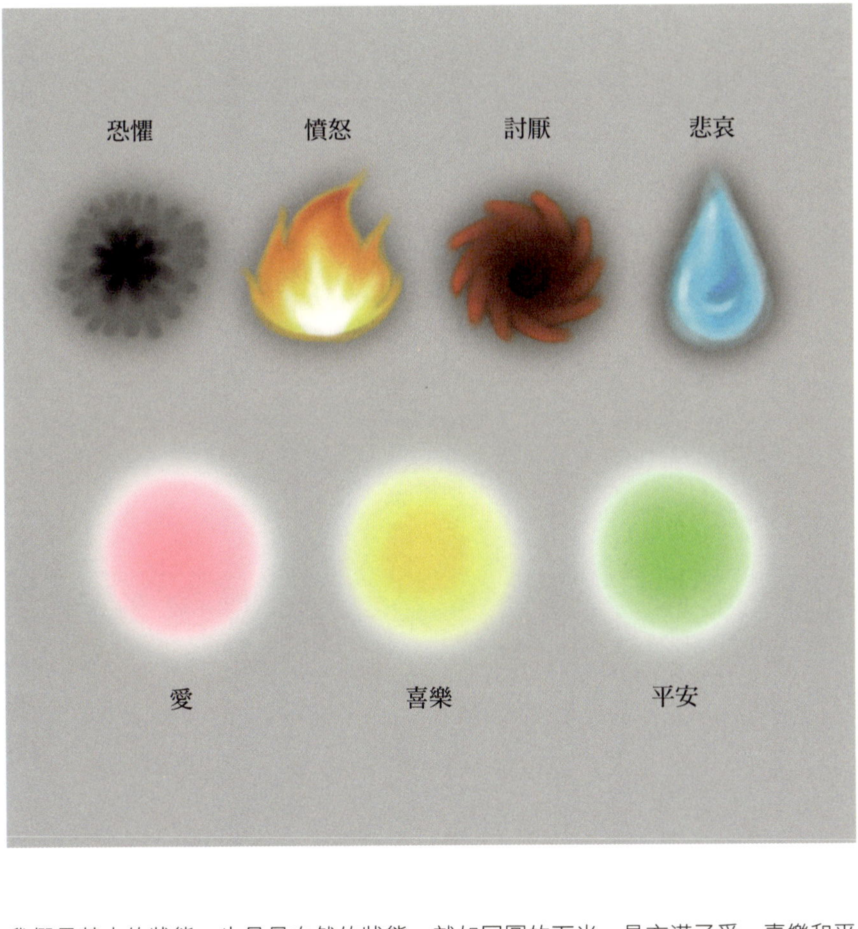

我們最基本的狀態，也是最自然的狀態，就如同圖的下半，是充滿了愛、喜樂和平靜的圓滿。但是，不知不覺，我們都進到一個萎縮的狀態，就像圖上半呈現的種種樣貌。

生命，本身就是一個大萎縮，加上種種的小萎縮

我們仔細觀察，我們生命點點滴滴都在一個萎縮當中。從早上醒來的那一刻，萎縮就開始了。我們就已經被自己的念頭帶出沒完沒了的顧慮，自然產生壓迫感。

比如說，我們一早起來，要打理自己、照顧家人的早餐，按著表定時間送孩子上學、送家人上班。出門時，很少是舒暢快樂的，多半是在一種說不清的窩囊和萎縮。一走出大門，要往左還是往右，是搭車還是走路。一有機會停步，就打開手機看時間，今天有什麼事要做，昨天有什麼事沒收拾……每個都是困擾，不得不做一個立即的決定。到了學校，該不該跟同學討論功課，或商量社團的活動。到了辦公室，該去倒杯水還是先去洗手間，又是一個馬上的選擇。要不要喝咖啡，該不該給客戶打電話。中午，要上這一家餐廳還是另一家小吃。下午，該不該繼續等電話。再做點事吧……時間，在催促。念頭，在趕著。

直到睡前的最後一秒，還在窩囊中要作出一個選擇。要不要靜坐。要不要做點運動。要不然，練個呼吸吧。吸氣，好像太急了，要不要再撐一秒再呼氣。睡吧。腦子好像還有念頭在動，再不喊停，就睡不著了……一天當中的種種選擇，多半是不好的，隨時都有一個不得已。我們彷彿只能在每次浮現的不得已裡，無奈的選一個比較沒那麼不得已的。

我們很自然的，把生命活成了一個大問題。我們生活的每一個角落都是問題。我們一天的生活，也只是在眾多問題的逼迫下，依序選一個後遺症比較輕微的解答。從瑣瑣碎碎的難受中，選一個不那麼難受的。我們已經把生命當作一個dilemma（兩難）。每一個瞬間，要或不要，都是兩難。兩難，不管怎麼解答，都會帶來萎縮，只是萎縮多或萎縮少的問題。這麼說，我們的生活不可能不是萎縮。

我們都有經驗，面對瞬間帶來的新消息、一通電話、一個人、一個狀況，心裡馬上就微微的一緊。即使什麼事都沒有，仍然有一個慣性，把生命隨時落入兩難，同樣含著更隱微的萎縮。就這樣，一個瞬間，萎縮。再一個瞬間，還是萎縮。哪裡還有空隙，去體驗生命的快樂。

我們仔細看，每一個人都離不開這種左右為難的困境。我們隨時都用一種不得已，甚至充滿無力感的態度，來面對生命。我記得，當時我自己還不到幾歲，就已經意識到生命充滿了紛紛雜雜的兩難。再怎麼微不足道的兩難都帶著一種緊迫感，讓人很難從種種的兩難中走出來，突破一條路。我相信，每一個人只要仔細覺察，也都是這樣子。

我們來到這一生，情緒——喜悅、快樂、滿足、憤怒、焦慮、恐懼……都是恰好的，只是讓我們能因應現實的威脅。但是因為我們停留在過度的念頭境界，而且多半是負面的，我們本來圓滿的生命就成了一個痛苦的萎縮體。

在所有負面的情緒中，恐懼是最強的一個。可以這麼說，恐懼是所有負面情緒的擴大器。無論是痛、不安全、不愉快、煩惱、失落，到頭來，留下的就是恐懼——對痛的恐懼、對不安全感的恐懼、對失落的恐懼……種種恐懼，帶來我們再熟悉不過的一種窩囊、不舒服的感覺。恐懼生起時，會刺激交感神經系統，而主導了所有身體的反應。也就是說，恐懼會把任何負面的情緒放大，而凍結了所有的運作。我們心裡沒底、發慌時，也就是這麼一回事。我們每一個人，都長期活在恐懼。所以，我們也可以把萎縮體稱為恐懼體（fear body），而萎縮，就是恐懼。

長期下來，這個萎縮體和一個念頭體（thought-body）一樣，它本身好像獲得了一個獨立的生命，不斷地原地打轉，不斷強化自己、強化「我」的觀念。一個萎縮體，也就是我們每一個人，絕不會希望輸給別的萎縮體。念頭是透過對抗才得以成形。一個人完全放鬆、沒有阻抗，是不可能有念頭的。一個萎縮體也是一樣，是透過阻抗、反對、磨擦，才可以延續存在。

這麼說，我們每一個人的萎縮體都很容易受到刺激。甚至，會不斷找受刺激的機會，好伺機反彈、退縮、痛心，跟周邊的人都鬧得不愉快。就好像，透過萎縮體，我們可以把周邊的事端放大，讓自己和別人老過不去，引發一連串的負面影響，這就是萎縮體之間的共振。

從另一個層面來看，我們仔細觀察。一個不愉快的經驗，再怎麼負面的打擊，分析下去也只是如此，也只是一個剎那，再怎麼嚴重，也就過去了。痛，也就是痛，痛到一個極點，也就過去了。但是，我們的萎縮體絕不會輕易放過。把痛變成了悲傷，再加上不可思議大的恐懼，再濃縮、凝結成制約，很難解開。從古人的氣脈或能量觀點來看，一個萎縮體不會讓氣和能量流動的，留下來的都是氣的結、能量的傷疤。影響的不光這一生，還對人類留下了一個集體的傷口，就好像這些萎縮存入了我們文明的DNA，還可以傳給後代。

進一步說，我們長期萎縮，也自然變成了一個萎縮場，帶給自己和周邊一個負面的能量。

這些道理，許多心理療癒師都懂，也一直應用在他們的情緒療癒實務工作中，幫助人重現悲傷情境，一步步從悲傷中走出來。其實古人的修行也是如此，希望能從痛苦的人生找出一條路，找到解脫。

我透過這本書，也只是希望跟大家分享一個更簡單的療癒方法。嚴格講，這是一個不成方法的方法，它本來就是我們生命的一部份，但我們大家都把它忘了。

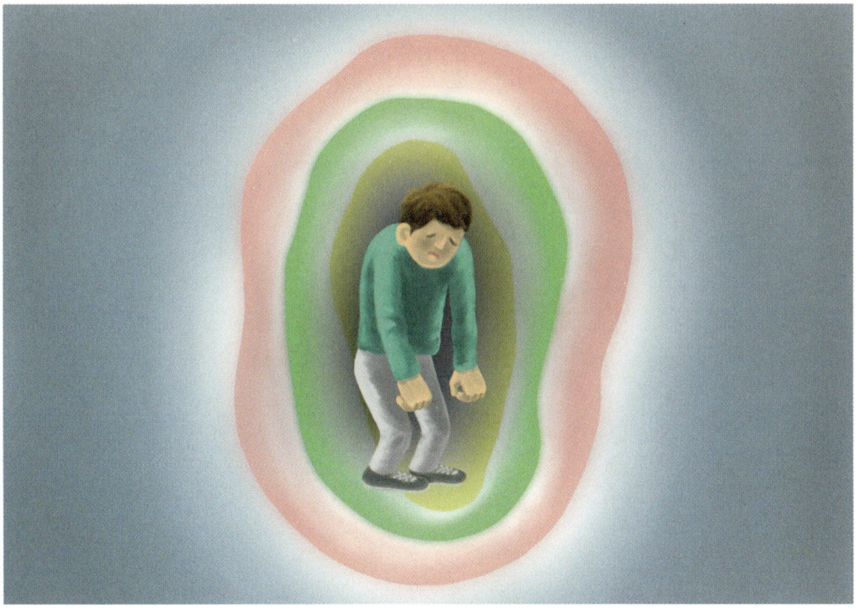

長期下來，一個萎縮體自然產生一個萎縮場。這個萎縮場會帶來負面的能量，跟生命對立，讓周邊的人萎縮。

08

念頭和萎縮是我們痛苦的來源

我們每一個人都以為自己就是念頭，以為自己就是情緒。看清這一點，人生就解脫一半。

因為這個題目太重要，我想用另外一個角度再強調一次——我們一生的痛苦，都是從念頭跟情緒帶來的萎縮所產生的。

念頭和情緒本身不是問題。問題是——我們隨時把自己定位成念頭體，定位成萎縮體。以為自己就是念頭，以為自己就是情緒。

念頭本身帶來痛苦，讓我們在一個虛擬的身分中流轉，以為種種念頭就是我們的一生。念頭，再加上情緒所造成的萎縮，只會讓痛苦更雪上加霜。然而，我們接下來的反應或反彈，都是落在念頭體再加上萎縮體的角色在運作的。

我們每一個人都體驗過，不光自己滿臉的煩惱，把生命樣樣都當成問題來活，活得苦悶難受。就連身邊的人也多半在煩惱中，忍不住自怨自艾，總認為自己受到周邊、甚至世界的虐待。不光自己過得慘兮兮，還把周圍的人弄得更慘。不停地抱怨，從來沒有放過自己和別人。總是不滿足，都希望透過別的地方、別的瞬間、下一個未來，把滿足感找回來。

也就是說，我們每一個人，一生都在這樣不愉快又萎縮的狀態來面對世界。我相信，我們每一個人身邊都有這種人，或許我們自己也就是如此，都在苦和煩惱當中，對抗這個世界。

值得安慰的是，任何我們所碰到的不好的事，人生所遭遇的任何痛苦，其實不是衝著我們這個人來的。反過來，受害的人也不要責怪自己。就連傷害別人的人，也不用完全責備自己，抱著挫敗感度過一生。進一步講，我們每一個人存在這個世界，都在反映著人類上萬年的制約。我們一切的行為，包括念頭，也只是反映人類無意識所帶來的昏迷，而這個昏迷是幾萬年累積下來的。站在無意識的昏迷來談，誰可以責備誰？誰又有資格責備誰？有誰可以講自己沒有犯過罪？而罪，又是什麼？

然而，只要醒過來，這幾萬年無意識所帶來的昏迷痛苦，頓時就消失了。最有意思的是，雖然這個人類的痛苦是上萬年累積下來的，而醒覺卻不需要時間，令人難以置信的簡單。

我們大家總是認為，這些痛苦都可以透過別的地方或未來，而得到一個緩解。也就是認為人生的不滿足感可以透過努力、環境的改造、或是另一種人生規劃，就可以消失。

然而，在這個過程，我們每一個人都忘記了，過度的念頭跟情緒本身就是我們的痛苦來源。我們從很單純的一個狀況，衍生出一個不可思議大的負面後果，加上腦裡造出的詮釋和判斷，把很單純的生命，也就是每一個瞬間所帶來的變化，變成我們種種的「生命狀況」。這個生命狀況，也就是我們每一個人的人生故事，都自認為相當有特色，老在這上面作文章，而且自然想跟別人分享。

最可悲的是，這些人生的故事，通常就是悲傷再加上不滿足。好，就算是人生不悲哀。反過來，即使稱得上一帆風順的這種少數人的經驗，也一樣誤導我們，以為人生的經過，就等於生命的一切，好像光是人生豐富的內容，就是全部的我。

生命，其實不光是人生的內容。不管多悲慘或是多風光，這些生命種種的變化，只是全部生命的一小部份，還在生命的前景打轉。生命的背景，也就是念頭和情緒所從生的因地，才是生命很重要的一部份。也就是說，除了「有」，還有「沒有」才組合出完整的生命。不幸的是，我們的一生都落在「有」的形相世界，忽略掉了一個更大的境界——這是我透過這本書想帶回來的。

因為生命和生命的故事已經混淆了，我們的焦點放錯了，隨時把注意力放在念頭和情緒的世界，也就是把人生故事的內容當作生命。因為我們把全部的身分投入生命的故事，才會讓念頭再加上情緒的擴大、甚至反彈，造出一個萎縮體，來代表真正的我。反而，把真正的生命蓋住了。

再一次，不要小看念頭和萎縮體。它們就好像是真的，我們每個人都離不開，都沒辦法分離的。然而，要解脫，要從這個念頭和萎縮體解開，我們通常都認為需要時間。

我相信我們每一個人，都有一些很特別的經歷，讓我們一生不忘。有些人是從愛情中得到一個過去沒有經歷過的經驗，尤其是初戀。還有人是在跳傘、潛水、登山等冒險活動受到刺激，覺得特別新鮮，終身難忘。我們仔細看這些經驗的共同點，都是一個無思的狀況。在那個時點，我們自然失掉時空的觀念，清楚地體驗當下，而沒有再加上一個念頭或情緒來加油添醋。

其實，我們每一個人都有一個單純的意識，它是最直接、不受任何條件的約束。它本身，就是。

然而，接下來，我們腦一開始運作，就把過去的記憶、未來的投射，跟中間的銜接，把我們接下來的反應給制約了。於是，就會進一步有個結論「啊，這個經驗很好」或是「剛剛這段話，讓我好感動啊！」去評價這個經驗的品質——很好、很美、很刺激、很新鮮……

有趣的是，這些經驗，可以說是在第一瞬間，在一個沒有任何念頭的狀況下得到的。但是，我們仍然完全可以運作，就算是面臨生命的威脅，還是可以作一個相對的調適。比如說，在山上突然遇見一條蛇，或是看到身邊的孩子受到生命威脅，我們都會直接反應，而且這直接反應，跟生存完全接軌。該反應的，我們都可以做到，完全不需要思考，更不需要念頭和情緒來主導。這種清醒的狀況，我們每一個人都體驗過，也是意識醒覺的一部份。然而，因為我們每一個人都經歷過類似的經驗，所以從某一個層面來說，醒覺就是把自己找回來。把最單純、最原初的那個意識找回來。

只要看到這些原理，甚至可以觀察到這一反應發生的流程，就已經可以把人生的困擾解開一半了。所以古人會強調——看清，就是解脫。一樣的意思。會讓我們發現，我們一生都被我們自己的頭腦跟情緒綁住，從來沒有離開過它們的範圍。

借古人的解釋，再進一步講。解脫，就是從腦落到心。也就是從念頭轉到心的智慧，而心的智慧不是靠念頭或語言可以描述出來的。它其實是更大的聰明，我們稱之為智慧。我記得，我在《真原醫》也花相當多的篇幅來說明心的智慧是遠遠超過腦，是任何腦的境界所無法比擬的[3]。當然，我在這裡所提到的「心」，指稱的是一個超越思考而無思無想、無限大的狀態。它是還沒有念頭前，就已經存在。

怎麼回到心？怎麼落在心？是我們在這本書想進一步說明、分享的。反過來，全部的你，也可以說是——把腦和心或是一切都找回來，都跟生命整合起來。

[3] 請參見《真原醫》第二十八章〈心腦相依〉、第三十五章〈一切歸心〉。

09 療癒萎縮體

面對萎縮體，也就是面對過去種種的制約——包括個人，以及人類集體。

可以看到自己的萎縮體，甚至可以看清、看透它，也就是把它消解、療癒最好的辦法。

萎縮體，跟念頭體是分不開的，而念頭體則是跟有形有色的外在世界分不開的。要看清萎縮體，也就是看穿念頭體、看穿有色有形的世界，把我們的內在世界，也就是我們無色無形的意識找回來。只要我們把生命的源頭，也就是把這無色無形的意識找回來，任何念頭體和萎縮體自然就消失了。

站在物理的角度，其實很容易理解——任何固態的東西，我們去分析它，只要維度低於分子的尺寸，自然會發現，「沒有」是遠遠超過「有」的。進一步講，任何有色有形的東西，包括念頭，都包含著「空」。

我們抬起頭來看著天空，就知道這原理從最小到最大都是正確的。雖然抬頭看是滿天星星，但仔細去看，星和星之間，都是空的，都是由空所組合的。

進一步說，有限的體，不管是山水、椅子、花草、貓、狗、人……都含著無垠的浩瀚，而這個無垠的浩瀚遠遠超過我們所能想像的色相形狀。瞧，這裡有一個悖論！——我們不斷地用有限、分門別類的語言，來表達不可分別的無限大和無限小的宇宙，而兩邊的世界根本接軌不上。但是，我希望透過這本書，證實倒不是如此。其實，這些由腦造出的悖論，是很容易解答的。

回到這個萎縮體的療癒。只要我們給自己一點空檔，在任何人生的狀況下，可以觀察到自己念頭和情緒的變化，這個萎縮體的能量就開始消散，不會愈演愈烈。這個萎縮體會存在，本身就是因為我們一生以來，把自己全等同於念頭和情緒了。這些情緒的疤，也就是萎縮，自然會讓我們對每件事作一個自動的反應，可以稱它是反彈。

我們大多數人都活在這種自動反彈的狀態，卻不明白自己究竟怎麼了。有時候，我們種種的行為，就連自己都不滿意。但是，倒不需要為此責備自己，不用那麼在意。其實，你我的反彈，只是反映了人類集體的制約。這會存在，是因為我們把人生太當真了，以為這些故事和故事所帶來的種種萎縮，就代表了我們的一生，甚至代表了一切。

試試看，只要我們暫時跳出這個故事，在生活的每一個角落、每一個關係、就連最不愉快的親人關係，都給這關係一個空檔。尤其更重要的是，首先給自己一個空檔。就會發現人生有一個更深的層面，是我們過去忽略掉的。進一步說，可以觀察到自己的情緒萎縮，甚至看清念頭的運作，本身就是一把解開的鑰匙。

看清了，就讓它存在。不要作任何抵抗，本身就是消解問題最好的方法。這符合宇宙最基本的運作法則——愈抵抗，愈真實；愈抵抗，愈延續。反過來說，不要抵抗，讓生命輕輕鬆鬆的存在。突然間，生命會變得友善，對我們友好。用這種方法，可以把全部的生命找回來。

怎麼做？不要著急，我會進一步在這本書繼續跟讀者分享。這個道理會愈來愈清楚，而且非常實用，完全可以融入生活。

但首先重要的是，先理解這個問題，承認我們就活在一個萎縮的狀態。由這個起點開始，重新面對我們的人生。

10 走出時空，跳出腦的內容

我們每一個人，都認為人生也只是腦存在的種種內容、種種故事，而這些都離不開時空。

我們所想出來的人生經驗，一切都離不開念相，也都只是念相。過去的事，我們透過念頭把它帶回來。未來的事，還沒有發生。但是我們透過投射，給它生命，也把它拉回這個瞬間。「這裡！現在！」，也就是這個瞬間、任何瞬間，我們把它當作一個橋梁，從過去通往未來。

我們每一個人，只要提到自己的生命，從來沒有離開這些念頭。想到生命，不是過去，就是未來。把種種檔案一再的調出來，拿這些檔案來代表我們的人生。有些人一提到自己，就情不自禁地把委屈、傷痛的檔案調出來。還有人進一步把自己的過錯——曾經傷害了誰、欺負了誰，也納入他的人生故事。更有意思的是，連身邊的寵物，我們都不放過，都自然把它們納編為我們人生故事的一部份。我們每一個人的人生故事都相當有味道——早上做了什麼、下午處理了什麼事、吃了什麼、睡得好不好、今天有沒有跟人發生衝突、有沒有什麼好事、誰不斷地稱讚我、這場電影多好看、要打幾顆星、晚上又做了什麼……這些情節自然變成我們人生的一大部份。走到最後，人生的最後一口氣了，回頭看，我們也只是透過這些內容的片段，來描述我們的一生。

我們大多數情況，都是拿這些檔案，當作自己對生命的理解。

但是我們仔細聽，會發現——不對呀！這麼一來，我們口中的生命，只是一些生命狀況的組合。都是將一時的經驗，轉化成沒有必要持久的印象；或是把還沒發生的事，在頭腦中組合出來。

我們看別人講他的人生故事，更容易體會到一個人不是停留在過去，就是投射到未來。進一步說，這個人明明在講話，在互動，在辦事，但又好像不在這裡。我們每一個人，也是如此。好像在，但其實不在。又把不存在的現象，當作事實來看。

通常我們聽別人分享人生故事時，比較容易看清，卻看不清自己的人生經歷。這是因為——任何有色有形的，包括念頭、情緒的吸引力是這麼

任何人、任何東西、任何形相都只是念相，活在人間就是被這個念相綁住、吸引。
陷入這個念相的漩渦，不光爬不出來，就連看都看不透。
它就是有這麼大的吸引力。

的大。可以說比地心引力還大。只要一陷入這有形有色的世界（包括念頭）我們就迷路，看不到周邊。

再用電腦或檔案的比喻來說。就好像我們把全部人生的經驗，透過程式把人生濃縮到檔案裡，而忽略了檔案後面的軟件、硬體，甚至檔案與檔案之間的空檔。其實，正是透過這些種種架構的背景，一個檔案才得以成立，發揮它的作用。而且，我們還忘記——一個電腦檔案，正是因為它符合某一個分門別類的邏輯才得以存

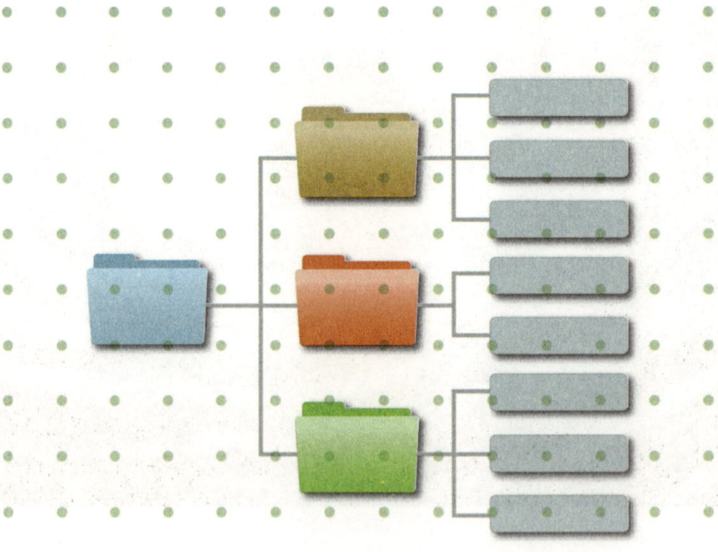

這個生命的內容，我們也可以把它當作電腦的檔案（圖裡的大小方塊），而人生的背景也就是後面的電腦架構（圖中的小點）。必須依賴電腦的硬體和種種架構，檔案才得以存在。而我們腦的運作，離不開目錄一再細分的線性邏輯（也就是圖中連結方塊的線）。人生的檔案，就這麼分門別類的存放到記憶裡，才可以隨時調得出來。另外，透過這個圖也想表達——任何念相，還是離不開一個局限的有條件的意識。要汲取生命背景所帶來的無限大的、沒有條件的意識，一定要透過檔案和檔案之間的空檔。

在。一旦我們換一套邏輯，原本的檔案就不存在了，檔案的內容也就變更了。

也就是說，內容跟邏輯的架構，其實是密切相關的。假如把這個邏輯變更，內容當然也跟著變更。也可以說，假如我們看這個宇宙，從一個局限而相對的線性邏輯，變成一個無限大的絕對視角，一切所看到的，當然也完全不一樣了。不光不一樣，我們生命的潛能也就改觀了，變成無限大的可能。甚至包括還沒有成形，還沒有變出來，還沒有生出來的潛能。

但是，因為我們受到腦和語言的功能上的限制，我們被一切所看到、所體驗到的形形色色綁住了，認為這就足以表達一切。反而忘記了——我們所看到、所體驗到的我，是整體的很小一部份。我們的故事，也只是一個不成比例的小小部份。

更有趣的是，我們人生的故事或檔案，透過腦的分門別類，它一定要有個空間和時間的觀念，才能夠出來運作。兩方面都需要「動」，才可以體會到。這個「動」不完全靠肉體的「動」，還包括思考所帶來的「動」。這個時空所帶來的動，離不開時間的觀念。

過去，就這麼持續到現在，再延伸到未來。我們全部的人生經驗，也當然離不開時空的範圍。人的腦和動物腦最明顯的不同，就在於人類有時空的概念，可以把時空連結起來。不光是可以調出過去的記憶，進一步作個資訊的整合，還可以投射到未來，作為將來行事的基礎設定。這，也是我們人生痛苦的一個主要起點。

回到電腦檔案的比喻，全部的生命，可以說是——人生的檔案，再加上全部的無色無相的背景。站在整體生命的角度來談，我們隨時都領悟到，是透過這個背景，才有前景。透過「沒有」，才有「有」。從「不動」，才有「動」。

11 「存在」與「作為」之別

我們一生，沒有離開過「動」的狀態。

因為對現在的狀況不滿，我們不斷透過「動」或作為來找到一個完整、完美、滿足的我，合併在這個時空上，作一個追求和變更。我們透過這具身體，可以變動、轉換空間，可以擺布後果；透過念頭，可以轉換時間。因為我們隨時都對現在不滿意，所以一生的規劃都在期待別的那裡、別的瞬間所可能帶來的更好的未來。

最有意思的是，連大多數自稱為修行人的人，依然在透過「動」，比如說努力的追求、在靜坐下功夫或苦修，想「作為」或「成為」聖人或是成道的人。也就是認為——連道，都是可以得的。然而，得，還離不開「動」，更離不開「做」。相對來說，一般人也期待有所作為，想「成為」一個有用的人、聰明的人、有名望的人、有財產的人，甚至可以「成為」一個快樂的人。

這些種種的「作為」或「成為」，還是離不開我們對人生的不滿。認為透過「動」，可以改命。它本身還只是映射了我們對生命不全面的理解。也就是說，我們一般人（甚至修行人），依舊以為一切的生命只是這外在世界所帶來的經驗。沒想過這其中是有矛盾的。這矛盾就是——我們把念相當作真實。

仔細觀察，我們每一個經驗，任何體驗，都離不開念相。連我們所看到、碰到、聞到、聽到……好像是真的一切，也只是感官所轉出來的資訊，而我們把這個資訊當成真實。最荒唐的是，這個資訊本身，還是透過「動」所取得的。不光動，它還需要對立、分別、比較，才從「沒有」變成「有」，把「虛」變成「真」。也就是說，我們透過「動」，只是把一個虛的東西，轉成另一個虛的東西。所以，透過「動」，根本不可能離開虛的世界。

講到這裡，就讓我分享人生最大的一個機密。

其實，我們從生出來到離開，不斷地活在「動」、「成為」的前景，反而忽略掉了更重要的——「不做」，也就是輕輕鬆鬆的存在。只有輕鬆的存在，一個人才可能進入無色無形。反過來講，連「進入」都是錯誤的表達。因為無色無形本來就存在。它是生命的基礎，也可以醞釀出所有的有色有形。

這麼說，連「不動」也都是錯的表達，受限於表達的限制而不正確。存在，不是「做」的相對，只是最原始、最直觀的知覺，是在任何念頭的前面已經在了。甚至，在任何感官經驗到它之前，它就已經存在了。它本身包括一切。不光是無色無形，還包括一切意識的現象，也就是我們所體驗到的生命。

這個最原初的知覺，沒有受過制約，而且跟任何條件不相關，也就是我們前面提到的「無條件的意識」。

反而我做、我想、我認為、我判斷、我感受、我成為……就有了念頭、有了解釋、有了判斷，就受到過去、現在、未來的時空的制約，所以也離不開時空。也就是前頭介紹過的「有條件的意識」。

進一步說，時空的觀念就是從這種意識衍生出來的。跳出時空，也就是解脫，也就是把最原初的意識找回來。

透過「存在」，輕輕鬆鬆把這個最原初的意識找回來。不可能透過任何時空所帶來的「作為」（比如說，再怎麼努力思考，採用多突破的觀念）而得到。

這原初的知覺，本身有個獨立的存在。這個原初、輕鬆而清醒的知覺，甚至跟我們有沒有人都不相關。即使沒有物質，它還存在。從宇宙無始以來，從來沒有生過，也沒有死過。也就是說，它跟時空不相關。但是，也可以說，沒有它，就沒有宇宙。我們也只能稱它「就是」（as is）。

它甚至不能用「主體」（我）跟「客體」（看到的東西）的架構來描述，跟我們念頭所創出來的局限的客體意識（object consciousness）完全不一樣。有趣的是，這個最源頭的意識，也可以稱一體意識，跟這個有概念、有局限、有客體的平常意識，其實一點都不是對立的。我們一直都有這兩個意識，只是透過過度的思想，把它蓋住了。

所以，存在也只是站在最原初的知覺，看這個世界。就連「誰看？」、「在看什麼？」都跟這個意識不相關。我們聽到這些話，會感覺到一種矛盾，而這個矛盾是這個腦在有限的邏輯裡建立出來的。只要把思考挪到旁邊，用心，去聽這些話，自然就可以理解，可以聽進去了。這也是前面提過的，透過這本書，我想跟大家分享的最大的機密。

假如我們稱人生一切的狀況為前景，那麼，存在可以說是讓我們觀察到的背景，再加上前景。

只有透過存在，才會體驗到一體意識，又可以體會到萬物的萬有與百態。也只有透過存在，才可以跳出我們人類設定的前提、因果的包袱。甚至，它是唯一的方法，讓我們輕輕鬆鬆跳出人間。

正因為這樣子，古人才會用「因地」來表達存在。從這個因地，萬有可以延伸出來，也可以回到沒

我們日常所用的意識來看這個世界，是離不開客體意識的架構的。也就是說，我們把任何人、事、物當作客體，而把自己當作主體，作一個區隔。就像這張圖，左邊的人是主體，知覺到右邊的椅子（客體）。要表達我們任何人生的故事，都離不開這個主體客體分別的架構。其實，我們倒不光是客體，也不是主體，更不是觀察的過程。我們也是另一個更深的層面，就是不受制約、沒有任何條件、不分別的一體意識，也就是本性、上帝。它不能用任何局限的觀念、不能用任何局限的客體來描述。

有。一切的矛盾，也就這樣消逝了。

它是解脫的門戶，也是我過去多年來提過的意識的「奇點」，讓我們超越，超越人間的痛苦。

因為「因地」、「存在」隨時都在，所以我才敢說——存在，也是找回全部的我，全部的你，比任何動作（更不用講功課了，包括呼吸）更直接、更輕鬆、更簡單。是最不費勁、最原初、沒有「動」的動力，沒有行為的行為。它不是「作為」的對立。因為它包括一切。所有我們意識可以形成的理解，可以延伸出來的理解。存在，包括無限大的永恆的意識，又同時包括任何有局限的色相，包括你，包括我。

因為它就是那麼簡單可以理解，卻又不符合人類分門別類的邏輯，所以，也可以說，為什麼只有寥寥幾個人可以真正體會到——一念轉變，存在就到家了。我們就輕輕鬆鬆看穿了因果的制約，讓我們輕鬆回家。

也因為如此，歷史上的大聖人都承諾過——「道」是到處都有的。卻是得不到、做不到、追求不來的。它不是透過任何動、行為、功夫所成就的。反過來，比較正確的說法是——道，來道我們。恩典，來恩典我們。宇宙，來灌頂我們。跟你我，都無關。

外在的世界，包括全部的念頭和煩惱，就像圖中海的表面，好多波浪，魚兒們都在快速地「動」。深廣的大海，代表生命的背景，而烏龜輕輕鬆鬆的「在」。我們也一樣的，通常忙得很，充滿了緊張的能量，離不開念頭的活動，帶給自己許多煩惱和痛苦，反而忽略了生命更大的一個層面，也就是生命的背景。站在這個背景，自然會問——「你們到底在忙什麼？」

第二卷　走出身分跟「我」

人生，離不開身分跟「我」。我接下來，想用另一個角度來探討人生的問題，而人生最大的問題，就是不快樂。找到全部的你，也就是找到全部的生命，也就是找到快樂。接下來，我想進一步分析人為什麼那麼不快樂，這個根源是怎麼來的。有了這些知識，面對人生，我們才可以進一步找出解答的方式。

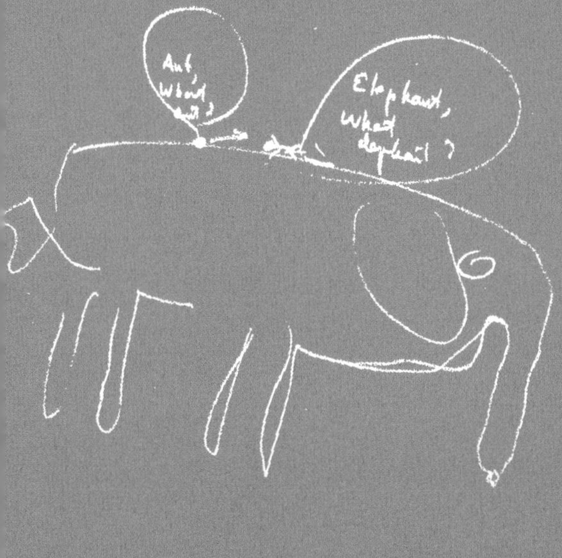

01

到處都不愉快

人間，本身就不快樂。

我到今天，很少看到任何人真正快樂。我倒是見過很多人認為自己成功，或是在社會眼光下算成功——有財富、有名氣、有地位。但是，這些人總讓人感覺「有了愈多，愈不快樂」。

一個小孩子，從出生以來，開始懂事，進入教育，就開始不快樂。等到長大，更不快樂。成人，反而更沒有安全感。為人生的安排規劃，不斷地追求。追求更好的生命、更好的未來、更好的婚姻、更好的事業、更好的種種安排，這都是我們每一個人期待的更好結果。

但是，這個最好的結果，是永遠得不到的。我們仔細看一下，一個人是永遠不會滿足的。我們只要有名財地位，就想要更多，永遠會想要更多。有了愈多，煩惱也愈多，更不快樂。

這個不快樂的現象，透過科技的發達，也只會愈演愈烈。我們現在的人，每一個人同時都被多重的觀念和任務給綁住。因為資訊來源的方便，我們可以快速轉變念頭。認為可以同時兼顧不同的責任與角色，以為自己可以在同一個瞬間扮演不同的角色。

這個快，可以說是不可思議的快的步調，同時帶來過去想像不到的危機。我們總是在這個世界認為不適應，隨時在一個高壓力的狀況下活著。因為人跟人之間的關係綳得很緊，總是會讓我們認為不順。不管是家庭、朋友，或是一般的工作環境，都讓

我這裡用英文 more（更多），來表達這一章的觀念。一個形相會演變出更多形相，而我們只要接觸形相，就會想要更多。不管是更多的念頭、更多的形式、更多的物質、更多的情感、更多的名譽、更多的權力、更多的一切。永遠不會滿足。

我們受到創傷。

我們每一個人都認為過去受到委屈，別人對我們不理解、不諒解，還帶給我們加倍的傷害。

痛苦的，流淚的，失望的，對一切絕望的種種經過，我們每一個人都體驗過。我們也往往認為，這就是生命所帶來最普遍、最平常的境界。

不快樂，我們可以稱「不快樂」是文明帶來的疾病。是我們大家共同所面對的最平常不過的境界。也可以說，不快樂是我們人類演化所面臨的最大危機。

把自己找回來，就是把快樂找回來。那又要怎麼做？怎麼得到快樂？就讓我繼續講下去吧。

02 建立身分

身分，是一切「不快樂」的來源。

我們人一生出來，就已經離不開社會、家庭所帶來的制約和約束（conditioning）。光是一個名字，從父母給我們的名字，我們就被這張文字標籤鎖定了一個身分，建立了一個後天的「自己」。

我們很早，甚至還是嬰兒的時候，我們就學到分別和區隔，學到了孩子是和父母不同的角色。父母會給我們帶來安全、生命的自主與滿足。我們做孩子的，就可以期待得到飲食、飽暖，得到保護。

有了兄弟姊妹，我們又理解了，原來手足的身分和我這個人的身分不同。而且，在父母的眼中，他們的身分和我個人的身分又有許多地方不同。透過玩耍，我們自然會認出某個玩具是「我」的，還會跟別人的比較。透過玩具的大小、顏色、功能、好不好玩，我們就學會了建立自己獨立的身分，和兄弟姊妹、鄰居的孩子區隔開來。也透過比較，自然也會跟父母要求比較「好」、比較「好玩」的玩具，在一群小孩子中，確立自己的身分。無形當中，把這個玩具當成很重要的一部份，把這個身分當作自己。再懂事點，自然就會分辨出什麼是父母期待的表現、態度，為了滿足父母的期望，自然就鎖定一些行為來展現。透過這些種種互動的分別，我們很小就認識了自己在這個世界的身分，和在家庭中的角色。

再進一步，上學後，我們的身分認同就更鞏固、更堅實了。我們變成了一個班裡的一個同學，一個要表現得比別人好的學生。我們學會了要努力用功，在老師和其他同學面前要表現出可以得到認可、讚許的一個樣子。這種身分，是最受大家歡迎的。

那時候，我們也已經懂了，懂得了快樂和不快樂。很自然的，我們發現在家裡，有些行為會受到周邊人的歡迎或排斥。受到歡迎，會強化我們的身分，會讓我們更趨向那個樣子。反過來，也有許多互動讓別人不滿，甚至排斥。這些都會讓我們覺得不愉快，反而強化了個人對自己、對別人的負面認同。

等到我們進入青少年期，其他人的身分已經愈來愈堅固，而「我」這個人也只是社會林林總總身分的一部份。這個身分的定位，和「我」未來在社會要扮演的角色也分不開。「我」未來想要扮演的社會角色，已經被自己指定的身分綁住了，也就是反映「我」對我自己的認同。

這個認同，是在個人的特質和環境互動中逐漸定型的。如果我剛好擅長體育，在別人眼中是運動明星，我也會想往體育競爭去發展，覺得自己應該可以成為好球員或是優秀的運動員。假如我個性內向，寧願安靜讀書，逐漸也就成為大家眼中學習好的孩子，自認為日後就應該成為學者。倘若我外貌或身材出色，得到了同輩的關注，我也就更注重打扮和外表的修飾，好繼續得到外界的肯定和特殊待遇。甚至，如果我個頭比較瘦小，玩耍總是爭不贏，或許我會變得退縮，避開需要跟人競爭的情況。

從特質，經過與外界的互動，一個人在無意間得到了鼓勵或否定，而指派給自己一個未來的角色和身分。所以，很多年輕人會想做醫生、護士、老師、家長、企業家、歌手、明星、學者、工程師、技師……都離不開他自己所指定的身分，也反映了他對自己的認同。

很有意思的是，我們華人對身分特別重視。也許這就是儒家思想的影響，認為每個人在社會上都要有他的角色，他的身分。但是，這個角色和身分似乎已經合而為一。這一來，我們每一個人都離不開社會上所扮演的角色，而個人在社會上扮演的角色，又自然變成身分很重要的一部份。我們很常見到——人與人之間的稱呼，都要掛上一個身分來鑑別。而且這個身分多半離不開角色，例如：王教授、李老闆、邱董事長、林副總、盧總、張指揮官、陳工程師、楊老師、王同學、李小姐、林哥哥、陳小妹……也可以說，從這個稱謂，已經定出了這個人在社會所扮演的角色。

有趣的是，別人這麼叫，自己也很理所當然，自己都被別人口中的身分和角色給迷住了。好像不這麼稱呼，就看不到這個人。然而，人被這麼稱呼習慣了，如果沒聽到，還會渾身不對勁。人家叫我楊老師、李老師，我就是老師的身分，那麼，就要有個當老師的樣子。更有趣的是，換了一個角色，還要讓周邊的人跟著調整稱謂，來確立這個新角色。有時候，這麼確立還不夠，還要昭告天下。

反過來，我們對別人也是一樣。用一個稱謂「框住」我們對他的看法，而這個看法其實是過去以來種種印象的積累。最可憐的是，我們每一個人對別人一點都不客觀，都是從過去的制約來投射出這個人的角色，並限制了我們對這個人的期待。在東方社會，這個情況特別明顯，人就是會對有身分的人另眼看待。

接下來，我要繼續談的是，為什麼一切的不快樂，全都和身分的認定有關。

03

任何身分，包括「我」，也都只是念相

個人的身分，包括「我」，是人類演化出來的念相，也是一切痛苦的根源。

我們每一個人都曾經是嬰兒，也都會同意，嬰兒時期是我們一生最快樂的時點。不光如此，我們每一個人都喜歡接觸嬰兒，嬰兒反映出我們思考發展最直接、最原始的階段。嬰兒沒有思考的能力，也可以說，沒有念頭時，一個人反而自然有了快樂，而這個快樂不需要透過觀念的思考才能帶來。

一隻動物，狗、貓，其實跟嬰兒很像，它的思考流程很直接，不是經過複雜的念頭來決定行為。一朵花，任何其他有生命的萬物，也都是如此。有知覺，而這知覺帶來很直接的反應。

只有人，透過上千年、上萬年，甚至更長的時間，才懂得用思考來作分別，衍生出更高層面的邏輯，來面對這個世界。上萬年的演化所帶來的這

只有人，才有過去未來的觀念。也只有人，會帶來沒完沒了的焦慮煩躁。除了人以外，其他的生命自然活在瞬間——「這裡！現在！」。所以，跟動物、植物接觸，一個人可以把全部的生命找回來。

一轉變，確實是人類這個物種的特色，讓我們脫離「無思無想」無能思考的狀態。由思考推動出的進步與發達，也就是我們的文明。

所以，我們人跟動物、植物……遠遠不同，我們透過思考可以規劃、可以累積知識和經驗，可以從經驗中學習，進一步組出新的觀念，還可以規劃、安排、左右未來。

可惜的是，這些種種的念頭、思考，到頭來，搖身一變成了我們的現實。從一個不存在的念，我們進入了一個虛擬實境。它本身會活起來，成了另一個生命。我們人，有本事在一個簡單的狀況上，再加上很多層次的考量。不光是參考過去所經歷的狀態和經驗，還想預測未來的後果，也就把原本簡單的狀況複雜化了。

這些種種的考慮與投射和預測，讓我們不斷地過不去、反感、憂鬱、恐懼，好像俄羅斯娃娃一樣，在身體上又加了一個身體，在頭上再加了一個頭，到最後根本忘了原本只是很小、很簡單的一個狀況。這個額外的頭和身體，好像變得跟真的一樣。我們可以說，一切煩惱，都是過度思考所帶來的。

回到身分，這也只是念相所創出來的。身分，任何身分，也只是念相組合的。我們透過念頭，自然產生種種區隔、分別、喜惡。於是把原本不存在的一切給凝固了，變成我們大家每一個人的身分。身分，又離不開「我」。「我」的存在，是要跟別人、跟環境區隔開來，才可以成立，進而存續下去。沒有跟別人、跟身邊的環境區隔，「我」自然就消失了。有意思的是，連這個區隔或隔離都離不開思考，甚至就是念頭創造出來的。

「我」其實就是個人的身分。這觀念是從很小、很早就建立起來的。

就連我們前面提過的嬰兒，在跟環境的互動中，也已經開始慢慢建立一個獨立的「我」的概念。從一開始，只是追求生理的滿足，要食物、要飽暖、要喝水、要休息。漸漸地，從身體的滿足感，逐漸導向情緒和思考的滿足。母親的一個動作、父親的一個聲音，主要照顧者的一個反應，自然會落入嬰兒的思考範圍，影響到他對自己、對他人的看法。「我」的觀念，就是在這些互動中自然產生的。透過多年的成長，「我」的身分就這麼卓然成形了。

沒有思考，是不可能有「我」的。可惜的是，我們大家都以為——一定要有「我」，才有生命。或者說，必須要有「我」，生命才有意義。這一點，是錯的觀念。

其實，我們再怎麼努力去找「我」，是找不到的。我們指稱「我」時，通常會用食指往胸口比著，也就是心的位置。這是表達「我存在」很直觀的方式。

但是，假如我們繼續觀察這個存在的「我」，會發現它不只是這個身體。我想表達的是，全部的我，包括我印象當中的「我」、念頭的「我」，遠遠超過這個「體」。也就是說，這個印象的「我」遠遠超過肉體的我。一般來說，「我」，還包括一切的經驗、情緒所帶來的滿足、傷害、傷疤，以及別人所稱讚、所看到的我的形象。

這些，還是離不開念頭所帶來的虛擬實境。說它不存在，它又存在。說它存在，卻又找不到。這個虛擬實境，卻有決定一切的能力，決定了我快樂不快樂、滿足不滿足、有成就沒有成就，讓我們不斷地對人生有追求、有期待。隨時都讓我們認為人生就是要追求比較完整的我，比較完美的我。這完美的我通常是透過物質，以及財富、名氣、地位可以找到的。

比如說，當學生的人，就要透過學習，完成「我」的教育。受完教育了，「我」又希望找到一個好工作，完成美好生涯的第一步。進一步，又希望找到一個好伴侶，把「我」變成更完整的「我」。有了家庭，「我」又延伸到孩子身上，希望他們能夠完成「我」對他們的期待。這一切，可以再進一步完整「我」。一直到人生的最後一口氣，「我」始終只是種種過去所累積的念相，不能講它是真的有。因為人生的這一切經驗，已經過去了，我們只是透過念相把它找回來。所以，「我」是個大妄想，是我們無形當中，被這個念相綁住，看不出來它的真實。

但是，千萬不要小看「我」的力量。為了生存，「我」一定要取勝，要在人生中得到我的地位，佔領生存的地盤，還要跟別人區隔。透過區隔，「我」才可以生存，而區隔的方法不見得友善、不見得和諧。拿人類歷史來看，幾乎都是抗爭對立的。「我」的生存，是需要磨擦，甚至衝突的。進一步觀察，連一個念頭都是透過比較、磨擦才可以產生的。更不用講「我」也是靠種種的對立——跟生命對立、跟別人對立、跟自己對立，才能維持下去。而且年紀愈大，愈堅固。愈可能忘記一切的「我」，都還只是一個虛擬實境。

這麼說，我永遠不可能滿足的。有了財富，就要更多財富。有了名，就要更多名。有了利，就要更多利。掌了權，還要更多權。我是永遠不可能滿足的，最多只可能滿足一時。得到了，接下來又自然會期待更多，還要期待不一樣的。因為它本身就是從人間的變化中取得的，而任何變化所帶來的境界，都是短暫的。

04 「我」永遠需要更多

我，永遠需要更多。再多，也不會滿足的。

「我」其實是一個沒有任何實體的觀念。「我」完全是虛的。然而，光是這麼樣一個無常而相對的念頭，就把我們一生都給「騙」了。「我」會讓我們以為是個單獨的體。也就是說——我們一生，都以為真的有一個「我」，而「我」可以透過一個體，不光是跟周邊，還可以跟自己互動。這個體，又有一個物質的肉體和心理的念頭層面，彼此交錯，而相互強化。要養活這個「我」，不光從物質層面伺候，也少不了心理的滋養。講白一點，「我」永遠需要更多，多了還要更多，更多還要更更多，是不可能滿足的。

站在肉體的物質層面來說，我們可能認為自己年輕、年老、高、矮、男、女、漂不漂亮、帥不帥、健康還是沒有元氣……這些都會建立一個「我」的觀念。我們大多數人通常不會認為自己完美，所以要花時間養生、治療、健身、打扮，才可以打造出一個理想的身體。

而這個更理想的身體，本身也加強了心理層面的「我」，建立一個更完美的自我形相。換個角度來說，一個小嬰兒，懂事之後，就開始作比較。他可能跟其他小朋友炫耀「我家比你家大」、「我的玩具比你的貴」、「我比你更高、更壯」……再長大一點，這些比較，上升到更複雜層面的思考「我比你聰明」、「我比你活潑可愛」、「我的朋友比你的多」、「我比你理性」、「我比你更感性」、「我比你有天分」、「我比你賺的多」、「我比你更有

形式生出形式，形狀生出形狀。我們從來沒有離開過形狀，連個念頭也只是個念相。我們認為這些形相都是真的。這張圖，用瓶瓶罐罐所裝的各種東西，來代表形相。人把一瓶又一瓶的東西，往自己的桶子裡倒。就像我們總是想用形相來完成、圓滿這個「我」。但是，怎麼加、怎麼抓，都沒有「夠」的一天。

名氣」、「我比你地位高」……

好玩的是，雖然一個房子、一個車子，在物質世界上是存在的。但是，這個物質世界的房子、車子，還會轉成一個心理層面的念相，從外在世界進入內在世界。透過這個念相，一棟好房、一輛好車，又變成我們身分——「我」的一部份。從一個外在的客體，透過腦的運作，轉化成一個心理的客體。接下來，我們的「身分」，也就是自己，也就離不開它了。這是很有趣的。

同樣的道理，連飲食都可以成為「身分」的一部份。比如說北方人愛吃麵食、台北人喜歡小吃。無形之中，連飲食都成了我們很重要的一部份，也同時影響到我們心理的狀況。我相信，每個人都認同，飲食在某種層面有心理療癒的效果。不光是滿足肉體的需求，還能在短時間滿足某個心理需求。舉例來說，有些人怎麼吃都吃不飽，其實是心理的需要，不見得是身體還在餓。好像是，透過飲食，我們都在某個層面滿足自己。其他任何身體的需要，包括性，也都離不開心理層面的需求。

從下一個層面，也就是心理的層面，那更有趣了。我們自然會重視別人對我們的看法。透過別人的看法，進一步建立自己的身分，也就自然產生了地位排序的觀念。一般是透過物質，比如更多錢、更多財富，來達到某個地位。就好像透過別人的看法、或自己所認為的地位，才有生存的價值。荒謬的是，我們每一個人都在物質上追求，想達到個人的目標。透過種種的物質，確實會造出一個「我」的幻相，並在短期內得到滿足。但是，最可憐的是，這個滿足感很快就過去了。然後，我們還要再找更多，才能滿足。再多不了了，就換個新的目標。一樣的，這還只是不斷地在強化「我」的觀念。

更有趣的是，就連放下一切去修行了，類似的念頭也忍不住會冒出來。「我修的更好」、「我懂的更多、更高深」、「我慈悲心愈來愈大」、「我好像境界愈空靈了」、「我也許更開悟了」……這些隨時爆發出來的念頭，也一樣不斷地強化「我」。

不僅如此，這個「多，還要更多」的觀念，不完全是友善和諧的。並不是只帶來正向的滋養，大多數時間都是負面的。大部份情況，養活「我」，就要不斷讓它抵抗，讓它反對。反對愈大，「我」的觀念愈強化，可以成就一個很特殊的「我」，甚至一個不愉快的「我」。

千萬不要小看「我」的反彈力量。有些「我」一輩子都在抱怨、孤獨、悲傷，認為自己是受害者。其實，這種「我」是更有機會存在的，而且很難轉變。我相信，我們每一個人進一步反省，會發現自己都符合這些狀況。

為了生存，這個「我」要不斷地強化自己。抵抗、甚至反對，也只是強化「我」的一個方法，也通常是相當有效的一個方法。進一步說，不光「我」是對現象的一種抵抗。任何念頭——不管多輕鬆、多深刻的觀念和看法——也只是一種阻抗和抵制。假如沒有這個抵制，也沒有念頭好談的；就算有了念頭，它也留不住，沒有任何後果。

「我」還不止於個人的範圍，還可以有一個家庭的「我」。一個族群的「我」、單位的「我」、機構的「我」。還有文化的「我」、社會的「我」、民族的「我」、國家的「我」、人類的「我」。這各式各樣的「我」，也只是把「我」鞏固，從個人擴大到一群人，甚至是一個架構嚴密的組織。這些「我」包含再多人，也都是在追求一個更大、更完整的身分，不光為了眼前的生存，還希望可以永續，可以繁榮興盛。

這樣子說，為了能獨立生存，不可能跟其他的單位、機構、國家沒有對立。總是想證明自己對，別人不對。或是自己做的好，別人做的不好。站在國家的角度，這些衝突也可能造出戰爭，或其他的暴力。進一步說，國與國之間的糾紛、衝突，甚或是戰爭，都是從主張「我」的角度引出來的。

站在旁觀者的角度來看，這一切根本不可理喻，用瘋狂形容也不為過。可悲的是，我們有史以來，到今天所發生的一切悲慘，和人類的全部痛苦，都是來自「我」所造出的瘋狂。

進一步，我想談，為什麼「我」其實是靠不住的。

業力，是集體的制約
也就是個人制約的總和

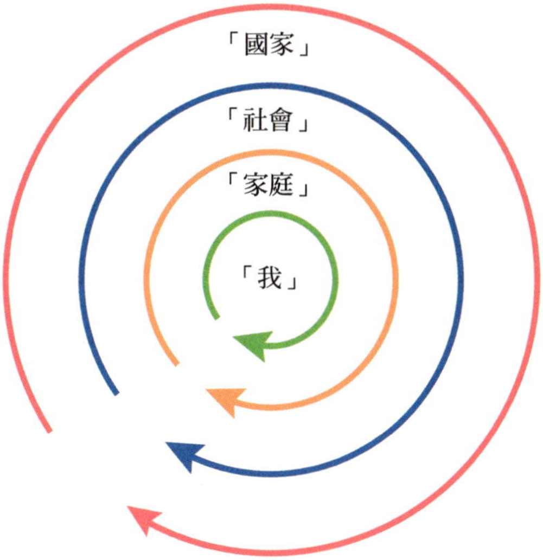

地球的歷史，也只是個集體的制約，是透過個人、家庭、族群、社會、國家所建立起來的。人的歷史，可說是上千甚至上萬年的痛苦，從來沒有離開過集體的制約。

05「我」跟念頭都是無常的

「我」跟任何念相一樣，都是無常的。任何有色有形的東西，包括念頭，都是無常的。

這句話離不開物理最基本的定律：只要「有」，早晚一定消失掉。我們同時觀察身邊的大自然，也只是如此。有形狀的東西都會變形，不是生長，就是退化，甚或消失，差別只在於時間長短。我們仔細觀察念頭，也只是如此。會生，也會滅。

回到「我」，我們也可以說——連「我」的觀念也是無常。我們所得到的任何東西，沒有一項可以讓我們得到一個永遠滿足的「我」。有了名氣，自然會想要更多。就連財富，也是一樣的無常，早晚也是要消失的。我們想要的東西消失了，我們一定會傷心。一份關係，不管再親，也只是帶來短期的滿足感。但是接下來，它就落入了無常，同樣要跟著無常的定律走：會結束、會變更、會轉變、會消失。人生的全部經歷，一樣的，都是無常。所以，任何處境、經驗、想法、情緒、念頭，都一樣靠不住的，不可能為你帶來永久的滿足，永久的成就。

我們進一步想——我們想找到的人生答案，是永久的，甚至是無條件而永恆存在的。站在意識的層面，它不受任何條件的約束，本身就可以成立的。然而，任何形相所帶來的，一定是透過條件組合而成，從因果衍生出來，也會生，也會死，也會消滅掉的。所以，一個有條件的意識，不可能衍生出一個無限大的、永恆的意識。因此，在形相上追求永恆，是不可能靠得住的。

假如任何經驗，或是任何處境、生活狀況都沒辦法為我們帶來人生的答案，那麼，到底有沒有任何東西可以靠得住？有沒有一個真理是可以追求的？

我想，這是我們每個人這一生來，都要面對的難題。

其實，只是看穿這個「我」，看出它怎麼運作，怎麼壯大，就已經把部份人生的答案找回來了。也就是說，輕輕鬆鬆地看到「我」，它就已經開始消退了。

06 「我」跟任何念頭，也只是局限的

「我」跟任何念頭，是靠條件才可以生存的。那麼，沒有任何條件，「我」或是生命還可以存在嗎？

這一切所歸結出來的「我」，其實都是局限的。我們可以稱它為「小我」。

這個小我，也只是一個念頭所組合的。它跟任何有形有相的色相一樣，不斷地在生起，也不斷地在消失，是靠不住的。它就是生命的前景。

這麼說，假如小我是念頭組合的，一切都是念頭組合的。假如，我們突然沒有念頭。那麼，這一切，小我，還會存在嗎？

最不可思議的是，這個「我」自然會消失。念頭就是它的養分，推動它運作的燃料。只要沒有念頭，不可能有進一步的我和別人的區隔，「我」的念頭也就自然消失掉了。也許，更重要的問題是——假如這個「我」消失

了，生命還存在嗎？

最大的遺憾是，我們不會去體會，不會去想，不會去探究，不會去追這個重要的問題。透過生活的快步調，我們每個人都落在一個「作為」、「做」的境界。不斷地追求成就，希望強化我們生命的條件，認為這樣子可以把真正的我找回來。這個追求、完整，必須要時間，是未來的成果，倒不是現在可以取得的。甚至，一般人絕對沒有時間停留在現在。因為正忙著用「現在」，來追求未來那個更滿足更完整的「我」，哪裡有時間留給現在。最奇怪的是，就連透過修行都還在追求，好像「成道」是可以追求來的。透過種種的「更多」，可以圓滿這個道。更可惜的是，也都還認為這些追求需要很多時間，一年，十年，一輩子，好幾輩子，是個未來的成就。

這裡我要再一次強調——「我」的觀念，也就是任何念頭，離不開時空。本身就是透過其他種種條件才聚合而成的。並沒有一個獨立的存在。也因為要依賴別的前提和設定，「我」當然是無常的。任何形式，都是無常！任何形式，是透過條件而得到，也同時會透過條件而失去。

我們一般人會停留在因果的線性邏輯所帶來的限制。我們總是認為，有因就有果，這兩個是相對相成的，但這些也只是意識層面的一小部份，也就是有條件、有局限的意識所產生的。我們全部的理解，或許用語言、或思想可以傳達部份。但是，我們的小我也只是有條件的意識的一小部份。它離不開因—果。

我們前面也提到，還有一個意識，比這個有條件的意識遠遠更大，沒有受到任何條件的約束，本來就獨立成立。它只是清楚而輕鬆的知覺，從「沒有」隨時衍生出來，而不允許任何比較、分別，甚至不容任何語言念頭來描述形容。這個最源頭的知覺，我們也可以稱之為「存在」，是從生命的因地所延伸出來的。我們可以把因地當作生命種種還沒有生、還沒有死的潛能來看。

從因地，生出一切有形有色的現象。而且，站在整體來說，這些有形有色根本就不成比例。

用個比喻再進一步延伸，我們生命就像大海，人生就像從生命的深海所衍生出來的泡沫。我們站在這個泡沫中，認為自己的人生就是獨立的存在，並透過「我」的觀念把這個泡沫愈養愈大。然而，總有一天，這個泡沫是會破的。消失了，它也只是回到這個不動的深海。泡沫跟泡沫之間（我、你跟別人）產生的互動，好像成了我們人生的故事。也就是說，從無限大的

我們人生就好像泡沫，而每一個人的泡沫又不一樣。泡沫和泡沫之間的磨擦和衝突，就強化了「我」。站在整體，人生的泡沫根本就不成比例。就像海表面的波浪，雖然不停地「動」，但跟不動的深海相比，那起伏只是很小的一部份。可惜的是，我們看不到比這小泡沫更浩瀚的宇宙。

意識海，非但衍生出有局限的我，有局限的你，還讓我們也把生命局限住了。

這些觀念，我相信我們每個人都可以理解。但是，比較想不到的是，這一個無條件的意識，竟然可以與有條件的意識同時存在！也就是說，「空」跟「有」可以同時存在。進一步講——空就是有，有就是空。

我們認為可以得到、找到、並取得真實。根本沒想過，生命的根源不光包括有形有色的現象，它其實包含著無形無色的一切。這一切，是我們用有限的語言或邏輯沒辦法衡量，沒辦法描述的。

07

透過「我」看生命

我，一點都不客觀。我，從來沒有客觀過。有了我，就不可能是客觀的。

雖然前面有提過，我這裡想再強調一次——生命本來是很好過的。也就是說，生命本來是很單純的。一個瞬間，再接著下一個瞬間。從一個瞬間，再轉到下一個瞬間。然而，透過「我」，我們會把一個很簡單的生命狀況擴大，讓自己完全過不去。

透過這樣強勢的「我」來看這世界，會發現樣樣都不客觀。「我」像個過濾網，會扭曲一切——一切我們所體會、所看到、所經驗的。把這一切，帶到一個幻覺的層面來分析。然而，這幻覺正是「我」製造出來的。

最有意思的是，這個「我」對樣樣都有看法，不斷地在分析、判斷、抱怨。沒有一樣東西會被「我」放過。「我」都有意見。我們前面也提過，這意見通常不是正念的意見。它會勾結我們的萎縮體，把事態鬧大。把一個瞬間變成一齣戲。透過種種過去累積的印象，再投射出最壞的可能性。

比如說，我們跟另一半約好，結果對方沒有準時出現。我們在那裡乾等，可能心裡忍不住開始抱怨「這個人從來不會準時，一點時間觀念都沒有。」再多等幾分鐘，心裡就開始猜測「他是不是有了人，一點都不重視我，我還是跟他分手好了。」再十五分鐘「我該不該打電話，算了，他又不是小孩，成天要我管？」再十五分鐘「不對，他是不是出車禍了？」這一連串的念頭，都偏向負面的念頭。換句話說，我們人，就是有這種把小事變成大事的本事。我們每個人都一樣的。

反過來，假如我們客觀的看每一個生命的狀況，都會發現——再怎麼困難，它本身是很單純的。那個瞬間過去了，過了就沒有了。再怎麼痛，再怎麼悲哀，也就是在那個瞬間發生。接下來，就消失。放不過，是我們自己的念頭透過過去的記憶，把很多相關不相關的狀況擰在一起，作很多層面的連結。並透過這樣的連結，不斷地投射到未來——要怎麼去規劃、該怎麼防範未然。

我們每一個人都把自己的生命跟「我」和「我的身分」綁在一起。還認為——沒有「我」就沒有生命。通常，我們在說「生命」或「人生」的時候，指稱的也不過是生命的狀況、生命的表相、生命的故事內容。然而，這些種種的生命狀況，正是透過「我」或念頭的探討，而變成了「我的生命狀況」。正是透過「我」的過濾，這些狀況變得完全跟生命分不開來。

這麼說，我們每一個人無形當中都把「我」和「我的生命狀況」混淆了，變成同一件事。通常在講「我」的時候，其實在含糊地指稱「我的狀況」或「我的故事」。而「我」一生的故事，跟任何人的故事都不一樣。「我的故事比你的更精彩」、「我的委屈沒有人可以理解」、「我是怎麼樣犧牲奉獻」、「我失去了家庭，現在又失去了朋友」、「我這輩子做到這個位置」、「沒有人的家庭像我家這樣悲慘」、「我受的傷多深」、「我經過了數不清的悲痛」……這些故事明明都只是「我的故事」，卻不知不覺變成了我，定義了我，都成為定義「我」的生命的很重要的一部份。讓我們不斷地把生命的現象，當成了真正的生命來看。

進一步說，生命本來是包括一個更大的架構。在這個架構下，生命的種種狀況才會發生。也就是說，生命包括兩種意識。一個就是我們局限而有條件的意識。它，確實跟我們的人生故事是分不開的，也就是前頭提過的人生的前景，不斷透過因果而成形。它也是透過相對、比較的邏輯，也就是我們腦的分析邏輯而建立的。但是，除了這一部份，我們還有一個遠遠更大的意識，也就是我們提過的生命的背景。它是個一體意識，就是個輕鬆的知覺，不受任何條件約束。它是永恆、絕對的存在，跟人生的故事不相關。而且本身就不需要作任何分別。但是從這個背景，又允許任何前景、任何人生故事的演出。

同時存在這兩個意識，也就是把全部的生命找回來。

然而，因為任何形相，包括念頭跟「我」的吸引力太強大了。所以，我們被「我」給困住了，而把更大的無限大的意識忘記了。就好像「我」蓋住了無限大的意識。這也是我們一生不快樂的主要原因。

找回來另外一個更大的意識，自然就會發現——我們本來早就是完整、圓滿，一點一滴都加不上去的。但是，因為有了「我」，而且還是這麼強烈的「我」，我們把這世界扭曲了。

「我」怎麼來的？

「我」的觀念怎麼來的？也許最古老、最直接的文獻，就是《聖經》裡的亞當和夏娃的故事。

在這個故事中，亞當和夏娃本來互動是很單純的，沒有進入一個思考的範圍。後來蛇引誘人，說吃了分辨善惡樹的果子「你們不一定死。因為神知道，你們吃的日子眼睛就明亮了，你們便如神能知道善惡。」[4]亞當與夏娃選擇了相信蛇。吃了一顆蘋果，造出了一個思考的過濾，有了判斷。有了好壞的觀念，突然體會到男女之間的分別。對赤身裸體感到羞愧，便開始遮蔽自己的身體。

我們現在都只把這故事當作比喻，但它其實是有深意的。人本來無思無想，突然經過念頭思考，讓我們追加了一個體，也就是「我」的體。一切接下來的「罪」、「咎」也就是這麼來的。修行，也只是把這個最源頭、無思無想的境界找回來。

4〈創世紀〉3

圖片出處：Adam and Eve, 1505（1964）. from Antoine Vérard's Bible en Francoys, A print from *A History of Wood Engraving*, by Douglas Percy Bliss, Spring Books, London, 1964.

08

超越「我」，也就是從「相對」找到「絕對」

任何念頭，包括「我」，都是相對的，都不是絕對重要的。

我們任何念頭，包括語言，包括「我」，都不是絕對不變的存在。我們透過分別、比較，最多只能得到一個相對成立的觀念。因為人類邏輯和思考本質的限制，我們離不開相對的境界。我們腦的思考範圍，就不允許我們跳出來，不允許我們跳出這個相對的限制。過去以來，很多哲學家都想探討這個問題。我們從歌德爾（Kurt Gödel）在九十年前對自然數（natural numbers）的探討切入，可以進一步描述這一限制。

也就是說，沒有一個觀念，沒有一句話，沒有一個念頭，沒有一個定理，是完全成立，而且普世不破的。甚至可以說，沒有一個定理是可以單獨存在的。它需要前提，才能支持它本身。任何念頭都是局限的。這是因為我們人本身所使用的邏輯，是在相對的比較之上所成立的，當然會有這種限制。

用另一套語言來表達這個觀念，我們也可以說，我們人生所追求的，是從相對（relative）的我來理解絕對（absolute）的上帝、絕對的一切。我們想用日常的相對的語言，來表達無限浩瀚的宇宙，這本身就造成一個矛盾。然而，這個矛盾是可以解開的，這也正是我接下來要表達的。

回到由歌德爾的定理所延伸的討論，我們可以用幾何的示意圖來表達。我們把人類所看、所聞、所聽、所覺、所思放到最裡頭的小圈子，它本身就是一個很完整的系統。但是，當我們想用在這個小圈子內所累積的語言，去了解小圈子以外的世界，那是不可能的。

換一個角度，可以再說清楚一點。就像一個點想了解一條線，再怎麼表達，這個點，也說不清線條的一維世界是怎麼回事。同樣的，一維的線條，是表達不了面的二維世界的。讓一條線去理解一個面，也是不可能的。同

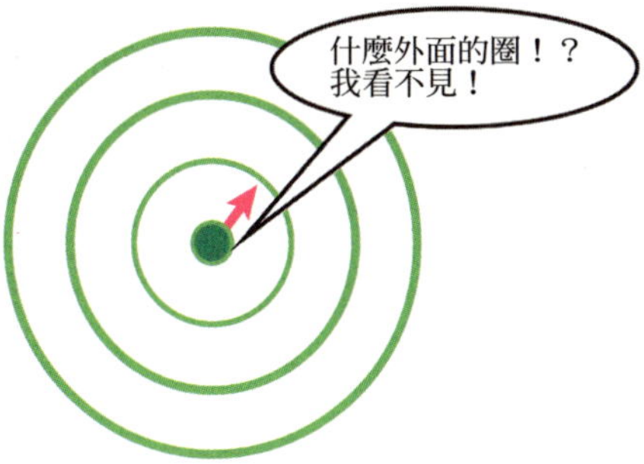

從這個小圈子，看不到更大的圈子。從這個局限的意識，我們看不到無形無色的一切。

樣的，一個面，再怎麼在面的二維世界裡苦苦思索，也不可能了解一個體的三維世界。

跨越這個限制去理解的那一步，是不可思議的大。

我擔心你還不了解，再舉一個例子。就像圖中的小螞蟻，它可能就成天在這大象身上過日子。但這小螞蟻看不懂、根本想像不出大象有多大，更別說掌握大象的曲線、生理變化的起伏規律、明白大象的一生。這一切，完全超越螞蟻的思考和想像。這就是系統、思考、

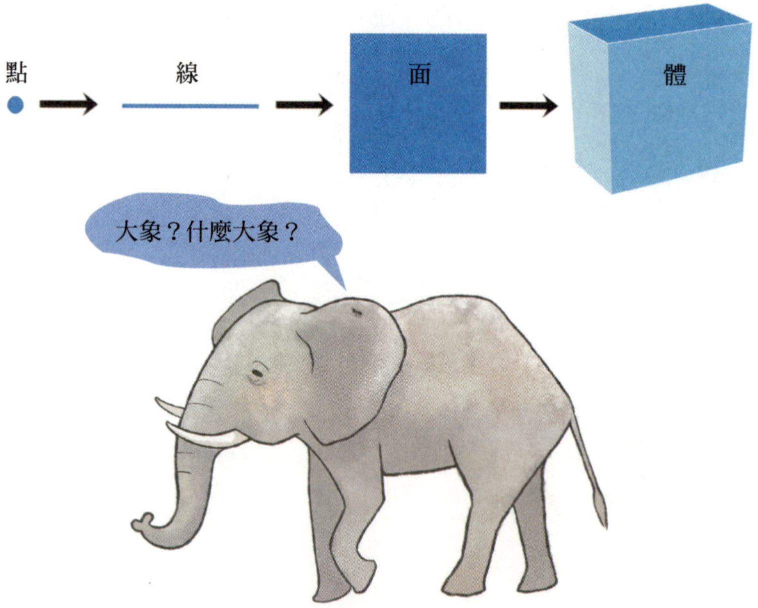

一個點，看不到一條線，一條線看不到一個面，一個面，看不到一個體。小螞蟻在大象身上，絕對沒辦法體會整隻大象。

邏輯本身的限制。它無法從一個有限的「我」的層次，去掌握無限大的生命。

進一步說，全部的思考、念頭，包括邏輯和語言的範圍，不只是無常的，還是相對的。這個本質上的限制，便是人類有史以來在各式各樣的追求，包括修行當中所面臨到的矛盾。

然而，再一次強調，這個矛盾是可以解開的。

回到我們的主題，也就是從相對走到絕對。從局限的意識，走到無限大的一體意識。從「有」，走到「沒有」。從「小我」，走到「大我」甚至「無我」。從苦難，走到解脫。

一般人想不到的是，「有」本身就含著「空」。也就是說，「有」，其實含著「沒有」。人生的前景，也含著背景。局限相對的意識，隨時含著無限絕對的意識。這也是物理最基本的道理。任何「東西」都主要是由「空」所組合的。我們不管往天空看，還是往最微觀的角度去看。最大的星球跟最小的分子，都是「空」組合的。不光星球和星球之間，或是粒子與粒子之間，都是空。星球跟分子本身還是「空」組合的。可以這麼說——空到底，空一切。

一切都是空，從來沒有過「沒有空」。這個「空」跟「有」不是對立的。「空」是絕對的、永恆的、不可能沒有的、不受時空限制；而「有」一定是相對的、局限的、無常的。兩個邏輯不相關，也接不上軌。有趣的是，卻同時可以存在。

這也是我們頭腦最難理解的部份，因為頭腦本身就是用分別對立的邏輯建立的。但是，人生最有趣、最大的奧妙也就是——雖然頭腦沒辦法理解、描述、表達「空」，但就這同一個頭腦卻可以領悟到「空」。因為，它本來就有「空」。「空」本來就是它主要的一部份。它本來就可以觀察到「空」。只是透過頭腦的局限邏輯不斷地運作，而把「空」蓋住了。

講白一點，假如，「有」沒有含著「空」，人是不可能解脫的。這是佛陀在兩千五百多年前和後來的大聖人都領悟到的。可以說，我們在腦海中一般採用的都是二元對立比較的邏輯，相對於一個「我」，就生出人生的種種痛苦。想不到的是，就這同一個腦，還含著一個無限大的、最原初的意識，並不受任何人間的條件所限。

所以，解脫，也只是不同的角度來看這個世界。因為我們本來就是解脫的，只是透過局限的腦的不斷運作，不能理解，甚至為此帶給自己種種煩惱，建立了另一個頭。

再進一步說，意識的焦點突然從有形有色，轉到無形無色。從「有」轉到「沒有」或是「空」。也就那麼簡單，人間一切的事都消失了。

而這個領悟，它不是透過任何「動」所造出來或是可得的。它是輕輕鬆鬆地把這個有色有形的分別的意識放下。讓從來沒有消失過的原初的意識繼續存在。一個人也就悟到了。

這也就是禪宗六祖所傳達的「頓悟」，也就是印度大聖人拉瑪那・馬哈希（**Ramana Maharshi**）所說的「把腦落到心」。《聖經》也多次提到 **I Am**（我是）的觀念。也就是說——「我」沒有「是什麼」好談的。只有這樣子，我跟上帝才不分手。最不可思議的是，這不需要時間，倒不需要透過任何未來才能取得。

因為，你本來就有，從來沒有離開過你。

回到歌德爾的定理，其實也沒有違反。因為任何封閉的系統，都可以透過它本來就擁有的空，延伸到這個封閉系統之外的空，作一個接軌。

我相信你聽到這些，也許會驚訝，或是質疑。好像懂，又好像不懂。不用擔心，我接下來會用各式各樣其他的比喻，來表達這些觀念。更重要的是，我希望輕輕鬆鬆來進行人生最重要的這一堂功課。

09 不圓滿的關係

我們過去所有的關係，都是不圓滿的。甚至連跟自己的關係，也從來沒有圓滿過。

只有人，可能引發自己和別人那麼多痛苦。

我們人類的歷史，也可以講，是人的悲傷、痛苦、絕望和不滿的記錄。人跟人之間的殘酷，是任何其他物種，包括動物、植物所體會不到的。就連相守了幾十年的家人、夫妻，都可以觀察到不可思議的冷酷無情，更不用講在社會環境中熟識或不相熟識的人與人之間。

我們一般人看不到的是，人其實從來沒有離開過「關係」。就是獨居的人也還不斷地和自己的腦海在打交道。腦海中有不斷的關係互動，而必須要虐待自己，造出更大的痛苦。我們不光是隨時在責怪別人，還怪自己。

人生的一切狀況，也就是因為我們每一個人迷失在念相的世界裡。一個小孩子，從開始懂事、建立身分，再加上一個「我」，他已經把自己割裂成兩個體。一個是看得到摸得到的身體，另一個是別人看不到摸不到的思考體。這兩個體自然就化出生命，建立出由念相所組合的「我」。我們一生，就跟這念頭的我分不開。所以，要講關係，人的一生從來沒有脫離過跟「我」的關係。這個關係有時候是正面，有時候是負面的，把人生的劇碼演得淋漓盡致。

同樣的，講不圓滿的關係，也就要從這裡談起。不光是和自己，我們和任何形相、任何東西，包括奶瓶、玩具、桌椅、書本，甚至父母，我們進一步有互動，也就成立一個關係。這些種種的關係，都也還是在強化「我」的體。我們自然會把一切當作工具，為「我」來作進一步的區隔，壯大「我」的觀念。從我們很小，剛懂事時，就會發現有許多東西會帶給我們正面的情緒反應，讓我們覺得溫暖、快樂、滿足。也有些東西帶給我們負面的反應。無形之中，萎縮體就這麼造出來了。接下來，上學、進入社會，「我」跟其他人又進一步的區隔，也還只是在強化一個沒有真實基礎的「我」的身分。

這個現象，是人類這個物種所獨有的。這是因為，全部的痛苦起於我們把自己等同於有形的形式。一切的痛苦，是因為我們困在形式裡，認為形式就是我。不管是我們的肉體、思考體、心理體、情緒體、萎縮體、反彈體都是形相。我們認為這些形相都是真的。不光是真的，而且還認為這些形相就是「我」。

然而，全部的形相、形式都是無常。它本身會存在，就是因為會生、會滅，是從「沒有」變成任何「有」的局限生命。假如我們一生只落在形相的範圍內，而把形相就當作「我」，是不可能滿足，不可能圓滿，不可能得到解脫，不可能從這人間跳出來的。

我們很快就會發現，有些人很容易刺激我們的萎縮體。我們也很清楚自己在某些情況下，特別能刺激某個人的萎縮體。比如說，我們很可能都認為自己對，而別人當然不對。聽到身邊人說我們的不是時，我們很自然有一個反彈。這種互動，自然產生磨擦和糾紛，讓我們心裡不滿。在這個不滿的背後，還藏著「我不完整」的觀念，同時以為可以從各個層面來完成自己。

找到一個對象，也是在完成這一方面的心理需求。尤其是愛情，確實會讓我們感受到煥然一新。好像人生就圓滿了，一切的意義都找到了。在愛情的初期，全世界都是新鮮的，就連時間都好像為彼此停止了。但是，這樣的新鮮感，沒多久就會過去。不久，衝突就發生了。兩個人開始有各自的意見和主張，而且還特別會刺激彼此的萎縮體，共同造成一個萎縮場。最後，相處在一個萎縮場下，這段關係也只剩下痛苦和悲傷。從情人，變成仇人。有些伴侶會相互責怪，也有少數人則是覺得虧欠對方。無論如何，對雙方的自我形相、乃至身分，都是嚴重的打擊。

看清楚了，大可不用再把這些虧欠扛在身上。其實，我們每一個人本來一出生就已經對「不愉快」上癮了。我們雖然希望快樂、想要圓滿。但是，腦本身造出了「我」、「我的投射」，這種架構本來就要靠著造出更多分裂、區隔、磨擦、對立，才可以生存。所以，我們每一個人不可能真的就這麼輕鬆放過自己，讓自己就永遠快樂。同樣，也不可能那麼輕鬆放過別人的。

也許，你還不相信。那麼，就讓我們再用一個實例，來探討這個問題。比方說兩個朋友，一同出去度假。第一天，還在彼此讚美，覺得對方一切都好。又自愛，又禮貌，又體貼，樣樣想得好周到。更難得的是，連作息都跟我很合拍。第二天，才發現——咦？他怎麼會賴床，耽誤了點時間，洗手間地上怎麼濕濕的，水龍頭也沒關緊，早餐就剩那麼一口也不吃完，衣服邊上怎麼皺皺的，鞋子東一隻，西一隻。等到第三天，種種問題，也就浮出來了。原來這個人脾氣這麼差，又固執，對人好刻薄，禮貌都是裝的，對服務員一點都不客氣，只差沒有大吼大叫，也不替人著想……唉，原來第一天的樣子都只是表面……這樣子，非但度假的心情沒了，還巴不得旅程趕快結束。

我相信每個人都有過這種經驗。把這三天拉長到一生，好多關係也只是如此，自然就演變到這個地步。就這麼樣，一連串的批判和故事就出來了。不久，也就沒多少共同生存的空間了。我們任何人看這世界、看關係，也離不開這念頭鏡片的扭曲。充分理解這一事實，本身就已經解脫一半了。最不可思議的是，這個理解可以是突然的，並不需要時間。

這麼說，不只是我們和別人的關係不圓滿，我們對自己也不圓滿。我們同時活在幾個體上。無論肉體、思考體、心理體、情緒體、萎縮體、反彈體，都透過互動造出磨擦、抱怨、不滿。因為我們輪流在這幾個體上打轉，無形當中，認為這些就是真實了。窮盡一生也跳不出來，或許，根本沒想過要跳出來。

我相信，你，回想這一生，一定會想起很多不圓滿的關係，讓你痛苦的。但是，要記得，就是有了這個痛苦，你才會想要解開這一切，甚至想要解脫。也才會遇見這本書。所以，要有信心，雖然人生樣樣不順，宇宙其實有它的安排，一切都不會白白浪費。

最後，我還是要再強調一次。任何物質層面的追求，再怎麼成功，再怎麼豐富，再怎麼圓滿，都是短期的，絕對不會帶來人生解脫的鑰匙。有了愈多物質（所有的形式、形相），只會讓你要更多，不會滿足的。有形的名望、財富、地位不能讓人滿足。關係，也是如此。這一切，都是短暫的。雖然有時我們追求一生，得到了，但絕對得不到全面的滿足和解答。怎麼解開自己和別人的不圓滿的關係，是最關鍵的一堂課。

「你，看到我的萎縮體了嗎？」

怎麼觀察到自己的萎縮體，甚至身邊親人的萎縮體。這一觀察，對於維持、療癒關係是很有幫助的。只怕我們在平常的接觸中，看不到或不願意看。

看到自己和對方的萎縮體是怎麼相互刺激的，是很重要的一堂課。而且，只要願意，隨時可以觀察得到，是完全可以在生活中落實的。

有一對夫妻，經過了長期的彼此折騰之後，不想再吵得這麼你死我活了。他們很願意彼此提醒、彼此覺察，修補這不圓滿的關係。於是，倆人約了一個暗號，只要感覺到自己的萎縮體受到了刺激，就比個手勢告訴對方。太太的暗號是握拳，先生是把手張開。

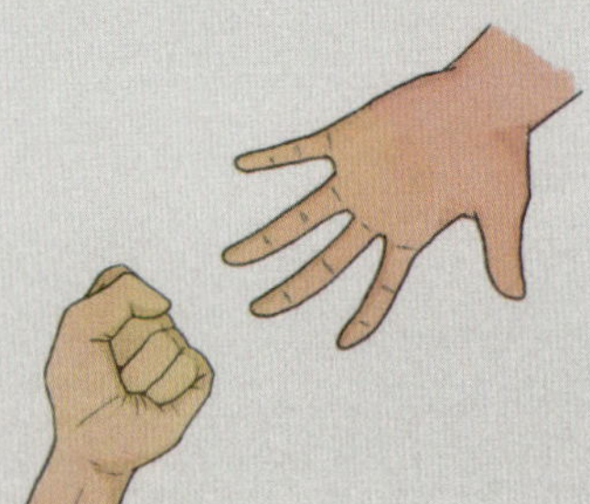

這麼練習了一陣子，兩個人都覺得這麼提醒很好，能夠理解——「喔，原來這是你的地雷，我先讓讓。」也覺得在關係中安全多了。畢竟，只要一個手勢，就能夠教對方退讓。多麼方便。

有一次，為了一件事，不知不覺的，在交流的過程中，夫妻倆的手勢出現頻率愈來愈高，但是誰也讓不了誰。到最後，兩個人都氣壞了——「你握拳是吧，你是石頭，我就出布。看誰收拾誰。看誰能夠先覺察！」

好笑的是，一個覺察的提醒，就這麼變成了「剪刀、石頭、布」的輸贏競賽。關係，變成了輸贏。「我」要存活的勁一來，怎樣也放不過對方，非得爭個你死我活不可。

原本想一起跳出「你死我活」的這個競賽，不知不覺間，又變成一個「看誰先跳出你死我活的競賽」的競賽。

這就是「我」的本事。

「我」和「你」的磨擦、對抗，讓「我」和「你」都不好受，而這個不好受，更進一步餵養了「我」，讓「我」和「你」的分別得以持續下去。

我們很容易就忘記了，原本是想解開自己和別人的不圓滿的關係。忘記了，本來是想放下「我」。忘記了，更深的生命層面一直在自己、在對方內心深處閃耀著。就連提醒對方，都是多餘的。

第三卷　這裡！現在！——開啟人生的鑰匙

我這裡想交出來一把鑰匙，而這個鑰匙可以解開人間任何的困境。全部人生帶來的困境，也只是種種的制約，再加上念頭的過度運作。每一個人都希望得到解脫，但是沒有一個人相信這一生就可以解脫，更不可能相信解脫不需要時間，不需要透過未來或是下一個瞬間。

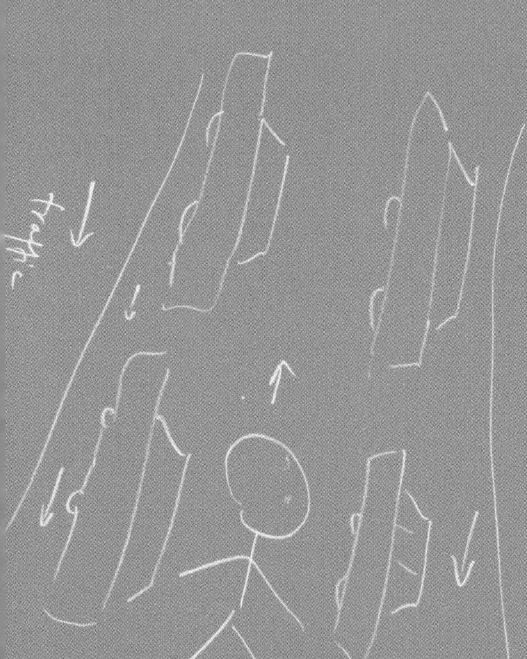

01

超越和奇點

人生的超越，也只是找到絕對和相對的交會點。

我在《靜坐》跟讀者分享了很多靜坐的方法，這些方法不是採用專注（止、定）就是覺察（觀）。此外，我還提到了「奇點」（singularity）和「超越」（transcendence）的觀念。奇點是個物理的名稱，表達任何東西（例如說「注意力」），濃縮到一個點上，不斷地縮小、不斷地集中，直到一個極限的地步，自然就跳出了時空。這麼說，超過奇點，任何東西已經不受人間所帶來的時空管制。這是人類從古到今所追求的修行境界。

意識的超越，就是解脫，跳出人間。也就是回到我們人的本性、佛性，或是天國。也就是回到永恆、無限大的一體之境。這種成就，有史以來，體悟到的人可說寥寥無幾。

每一部經典都在談這個題目。但可以這麼說，因為採用局限的語言文字，來表達無限大的潛能，這些經典留下的最多不過是一些路標，指向那不可用任何路標描述的境地。也就是說，想用語言，帶著大家跨出用語言所能形容的理解；期望能用語言，去跨越腦所可以掌握的理解。

我們聽到這兒，自然會覺得這種理解是追求不到，做不來的。我們自然會用腦袋裡的邏輯去延伸這些路標，把它造回我們人間所可以體會的理解。這本身就會帶來矛盾，因為延伸不了。延伸不了的原因，是我們先被這延伸的語言限制了。

我想進一步解釋這一點。

出乎意料的是，這些理解本來就存在我們身邊，根本不需要去追求解釋。因為每一句話、每一個念頭、每一個動作……這些有形有色都含著無形無色。

這個重點本身就帶給我們一把鑰匙，可以打開意識的門戶。

我們前面談過，假如沒有無形無色存在於有形有色之中，那麼，有形有色本身就不可能存在。進一步講，是從無色無形延伸出來有色有形，而透過無色無形才讓我們體會到有色有形。假如我們生命不是永恆的，絕對體會不到什麼叫作無常。是從「不動」、「寧靜」，才可以體會到種種的「動」，包括聲音。是從最根本的狀態——喜樂、愛、光明，我們才能體會到種種痛苦、萎縮和黑暗。倘若不是如此，我們再怎麼努力，不可能體會到種種的有色有形。不可能體會到「動」。不可能體會到種種無常、痛苦、萎縮、黑暗和悲傷。也沒有什麼人間或「我的身分」好談的。這個道理雖然是再明白不過了，卻和我們一般人的想法是顛倒的。

問題是——怎麼把這永恆、寧靜、不動的無形無色找回來？

或是進一步說，不光把這無形無色找回來，重點是——怎樣隨時活在無形無色跟有形有色的交會點，讓我們隨時採用兩個意識來面對生命。而且，這個交會點，存在於我們每一個人之內。

也就是說，無形無色的知覺，是我們生命絕對的部份，跟任何人生條件都不相關。不可能生，也不可能死。人還沒出現，它已經存在了。我們前頭稱之為人生的背景、因地。進一步講，跟「我」不相關。

相對的，有形有色的意識，是局限的，離不開我們人生種種的條件變化。它也有生，它也有死。它也只是反映了腦分別解釋的邏輯，而用這個邏輯來解釋人間。就這樣，這個局限的意識，誤導了我們每一個人，讓我們一直以為這就是全部的生命。根本想不到，這只是生命一個很小、很局限的部份。卻讓我們每一個人都在這裡面打轉，從來沒有跳出來過。

從這個局限的意識裡面，我們又產生一個「我」。這個「我」、這個局限的意識是透過形相而延伸出來的，把我們的注意力完全綁住，才造出人生種種的悲歡離合。我們所看到、體驗到的世界，從來沒有離開過這個局限意識的境界。

進一步說，把全部的人生找回來，也只是輕輕鬆鬆地把這個「我」的境界放下來。看穿這個局限意識所帶來的一切形相，並讓最源頭、從來沒有離開過的意識存在。讓這個最源頭的知覺輕輕鬆鬆存在，也就夠了。

只要把這個相對、局限的意識放下來，我們什麼都不用做。絕對、無限的意識自然會爆發出來。我們之所以什麼都不需要做，是因為這個絕對、無限的無形無色一直都在，從來沒有離開過。

這個不生、不死、不分別的知覺，隨時存在，我們也就解脫了。

也就醒覺過來了。

嚴格講，我們原本就是解脫的，沒有什麼好進一步解脫。甚至，不可能比現在的解脫更解脫。只是，我們被這個局限意識所帶來的「我」、帶來的人生劇本給迷住了。不光讓我們忙了一輩子，也讓從古到今的人同樣忙了一輩子，而且忙碌於痛苦之中。

所以，回到奇點的觀念，這個超越的奇點就是——有形有色和無形無色的交會。人生最大的一堂課，就是隨時把這個超越的奇點找回來。

最不可思議的是——隨時找回奇點，倒不需要時間。

更不需要等到未來。

比任何人想像的，都更簡單。

把生命的奇點找回來，就是修行。修行也只是——把相對和絕對的交會點找回來。相對，就是有局限的客體意識，讓我們化出一個人生，甚至「我」的身分，也讓我們一生在裡頭打轉，不斷強化「我」的故事。絕對，也就是不生不死、永恆、寧靜、不動的一體意識。這是我們每一個人都老早有的，不可能沒有。
我用這張圖來表達，一個人找回這個相對—絕對的交會點，同時採用兩個層面的意識，也就是自然活在自己的本性。這，就是修行。

02 只有「這裡！現在！」是真實的

解脫，也只是「這裡！現在！」。

我們前面提過，腦所帶來的一個局限、相對的意識。這個意識又建立出「我」和「人間」的觀念。不斷地透過分別比較，帶出一個人我之間的隔離。這個隔離本身又會帶來孤寂、絕望和痛苦——這不過是我們所有人的共同經驗。

同時，我們也進一步了解了，這些局限的現象，只是我們生命的一小部份。生命還有更大、更深的層面。這個更深廣的層面，也就是我們每一個人都有的不分別、無限大的意識，隨時在人間的背景透出光來。但我們透過「我」和種種形相的綑綁，已經接觸不到了。

我在前一章，試著介紹了「交會點」的觀念，也就是說，重點是把局限和形相所限制的意識，跟無色無形的意識的交會點（奇點）找回來。從這交會點或奇點，我們隨時可以延伸到人生的兩個層面：有限—無限、相對—絕對、有—沒有、有—空、人間—解脫。我也進一步提到，要找到這個交會點，不需要時間，隨時都可以做到。

這麼說，這個交會點必須要是我們隨時可以到的。而且，是要在人間隨時可以找得到的。甚至，每一個人都可以找到。這樣子，才可以讓我們從人間走出一條路。

進一步講，這個交會點，按理來說，應該是我們大家隨時都有的，連找都不需要找。它本身就不應該受任何條件限制。因為假如受任何條件限制的話，它本身就是局限、無常的。

想不到的是，這個交會點，就是「這裡！現在！」。

「這裡！現在！」，也就是這個瞬間，也就是當下。

「這裡！現在！」，當下，這個瞬間，是不用找的。我們每一個人都在透過這個瞬間，活著生命。生命本身，就是由每一個瞬間所組合起來的。有趣的是，全部生命所發生的，所體驗的，都是在這個瞬間呈現出來。不可能有生命，而沒有瞬間。也就是說，「這裡！現在！」本身就是生命。

找到「這裡！現在！」，也只是把生命臣服給這個瞬間，讓這個瞬間的任何形相存在，讓這個瞬間的任何起伏存在。我們不用提出任何抗議、任何抵抗或對立。也就是讓每一個瞬間輕輕鬆鬆存在。放過它。饒了它。

所以，投入這個瞬間，是個「存在」的觀念。帶來一個存在的味道。也只有存在好談的！不用做任何動作，來進入這個瞬間。甚至，任何動作，比如說一個念頭，都已經離開存在，已經離開了瞬間。

假如還要用文字去描述的話，可以這麼說，這個瞬間要透過讓步、放棄、臣服、容納、不做……所找回來的。要把瞬間找回來，不做，比做，更重要。丟掉一切，比找回來什麼，更接近。

但是，講它更接近，嚴格講也是不對。因為我們本性、也就是瞬間，從來沒有動過。不可能是任何條件可能得到、可能找回來、或是丟掉的。只要加上另外一個觀念，去強調「不做」、「丟掉」、「找回來」，就好像在頭上又加了一個不需要的頭，是多餘的，不需要的。它本來就在。是我們在這個瞬間再加上了種種的念頭，才把它扭曲，把無限大的存在，變成局限的作為。

回到前面提到的——超越人間的「奇點」的觀念，也是大家都想追求的。其實，它就在「這裡！現在！」。這是唯一的一個點，可以讓我們超越時空。除了這一個點，沒有任何其他的點。這是自古所有大修行人都領悟到的，可惜我們一般人會質疑。因為認為太簡單了。

這麼說，活在這個瞬間，也就是輕輕鬆鬆存在。在一個最直接、最原初的知覺，在任何念頭之前，存在。

超越的奇點，就是「這裡！現在！」。只有透過「這裡！現在！」，才可以跳出人間，跳出任何有限分別的意識，而找回全部的生命。超越，也只是找回全部的生命。這張圖，我在《靜坐》第十二章〈靜坐想達成什麼目的〉使用過，用來說明「奇點」。也就是說，當人的注意力被貫通、聚焦到一個點上，這個焦點會愈來愈細微，集中到一個程度——低於時空的限制。會讓一個人跳出人間，得到一個解脫。這個奇點，就是「這裡！現在！」。超越，就是「這裡！現在！」。

它是唯一的交會點，把幻覺的過去和幻覺的未來作一個連線。因為過去和未來也都只是幻覺產生的資訊。資訊本身，也就是我常常講的螺旋場。只有「這裡！現在！」，是這兩個螺旋場的交叉。站在物理的角度，也只有透過這種螺旋的交叉，才可以稱為一個奇點。有趣的是，也只有這個交叉是真實的。

也許你會想問——為什麼用「這裡！現在！」來稱這個瞬間？

其實，我們仔細觀察，無限大的意識，它帶來兩方面的觀念。一方面帶來永恆（eternity），另外也含著無限大和無限小的觀念（infinity）。這個「永恆—無限」的觀點，自然會得出一個「時—空」的觀念（time-space）。所以，這個時空，不光是有時間，也含著一個距離的觀念。我們要完全解脫，一定要從這個時空跳出來。也只有「這裡！現在！」，能讓我們找到這個解脫的奇點。

因為我怕說得還不夠清楚，所以，我用兩個軸向的螺旋場，來表達「這裡！現在！」的觀念。也就是說——「這裡！現在！」是時間和空間的交會點。也是人間唯一的真實點。

「這裡！現在！」不光是「過去—未來」、「那裡—另一個那裡」的交

除了時間的觀念，我們人還受到空間的影響，在這裡用橫的螺旋表達。生命與時空唯一的交會點，也就是解脫的奇點，就是「這裡！現在！」。只有透過「這裡！現在！」，我們才可以把全部的生命找回來。

會，不光是打破了時空的觀念。更有趣的是，一打破時空的觀念，它也自然讓人生更深的層面——生命的背景、無限大的意識、最原初的意識、絕對、永恆、無限、寧靜……——自然透過我們的知覺浮現出來了。它本來就存在，我們也只是讓它在我們的注意呈現出來。我們也就突然醒過來了。

如果你聽到這些，雖然有點心得，但還覺得沒有完全領悟到，讓我試著用另外一個角度來分享。

03

除了「這裡！現在！」，其他的一切都不真實

醒覺的意識，永恆存在，不可能不存在。

我們仔細觀察，只有在這瞬間，我們還沒有讓這個分別局限意識開始作用。這個瞬間前，我們是扛著過去種種的包袱、記憶；這個瞬間後，也只是我們用腦投射的未來。只有「這裡！現在！」，在這個瞬間，我們才可以把時空同時落到一個點上。「這裡！」——空間的觀念。「現在！」——時間的觀念。「這裡！現在！」本身就是時空的交會。

仔細再觀察會發現，只有「這裡！現在！」才存在。它是唯一真實的瞬間。我的命再好，也是那個瞬間好。那個好的瞬間一過，就沒有了，只剩下記憶裡的印象。一樣的，再怎麼不好，也只是在那個瞬間發生，接下來也就什麼都沒有了。未來追求的任何東西，也只有透過這個瞬間「這裡！現在！」，才能成形，才真正可以體驗。再強調一次，任何對未來所投射的，

所期待的發生，也只有等到「這裡！現在！」，才得以呈現。我們怎麼去看這個生命，都離不開這個重點。

因為，每一個瞬間，過了，就沒有了。我們也可以說——只有「這裡！現在！」可以消解任何時空的觀念。它是唯一的一個點，讓時空有一個集中，跟我們的生命交會，讓事實發生。每個事實發生，也只能透過這個瞬間。

我們從另外一個角度來看，過去跟未來也都只是一個念頭。無論是念頭本身也好，或是念頭所描述的境界也好。其實，都不存在。

我們從出生到現在，這一生，就活在一個妄想當中，從來沒跳出過念頭的境界。再強調一次，過去不存在，只是一連串的念頭。更不用講到還沒有發生的未來，它也只是一個念頭的投射。但是，因為透過腦的運作，我們把過去跟未來當作事實。「我」不斷地產生反應，甚至抵抗，讓身心萎縮。

也正是透過種種過去和未來的幻想，「我」的萎縮體才會一路持續到現在，愈來愈鞏固，愈來愈冥頑不靈，讓我們離不開這一生自己所帶來的一切妄想。

所以，我所講的「這裡！現在！」，得道的古人都懂。禪也強調——只有透過當下，才可以回到無我、無思無想的境界。就是那麼簡單。但是，我們人透過腦不斷地追求和比較，會不斷地認為還有另外一個意識層面才可以解答一切。就連解脫，也要靠著把自己修到另外一個層面，也許更深、更微細，才可以做到。更可惜的是，還認為要透過功夫、苦修、多年的磨練，才會成道。

此外，也常會認為找到自己，就要修出某一方面的經驗或體驗。以為這個經驗愈敏銳、愈特殊，比如說修

只有透過瞬間——「這裡！現在！」，我們才可以影響到生命。只有它是真的。過去任何制約，已經發生了，跟這個瞬間不相關。未來任何投射，還沒有發生，也跟這個瞬間不相關。過去跟未來，都可以稱為妄想。在這個圖案中，只有中間的「我」才是真的。左右兩邊的影像都是虛的，都是幻想。

出了神通、或是到了什麼天界、看到什麼天人，就跟我們的本性愈接近。講白一點，這些看法還離不開大腦的解析、邏輯的系統，一直處在分別判斷之中，脫離不了二元對立的迷思。

也就是說，不光是我們的腦在區隔高低、美醜、貧富、男女、苦樂、胖瘦、好壞、聰明愚笨、成功失敗、希望絕望、加害受害……最荒謬的是，還會在頭腦中造出一個局限—無限、我—你、我—上帝、平凡—修道、庸俗—超越的區隔。就好像畫出了一條軌道，以為順著這條路，我們就可以從無限小的我，延伸到無限大的沒有（無色）。

再講明白一點，要去描述這個無限大的「沒有」。我們也只能說它是——沒有規律的規律。沒有原則的原則。沒有路的路。沒有認知的知。它從來沒有不存在過。

然而，我們其實沒有了解，「無色」「無有」跟「有」並不是對立。絕對真實是包括相對，相對也存著絕對。兩個可以同時存在。只是要在完全不同邏輯的基礎上，才可以理解，而不是用局限的腦的線性思維可以推導出來。甚至，我們用腦，再怎麼去努力，也是永遠取不來的。反過來，把這個腦輕輕鬆鬆放下，自然可以輕輕鬆鬆得到。因為，從來不會得不到的。

活在「這裡！現在！」，也就是活出全部的我。因為，只有活在「這裡！現在！」，可以打破時空的觀念。也只有「這裡！現在！」，可以跳過局限的腦，讓我們容納一切。放棄有限的腦，乃至任何念頭，不代表放棄腦的工具性質。然而，腦這一工具可以繼續被使用。難以置信的是，它的潛能反而可能更能發揮，更好用。它就是變成一個單純的工具，而不是我們的主人。我需要腦，就可以用腦。我不需要，就擺到一旁，活在「這裡！現在！」。這，就是醒覺。

醒覺，也就是全部的你、全部的我，是超越了腦。超越頭腦，倒不是退化到動物的境地，不是無能思考的狀態。醒覺，反而是清清楚楚讓局限的我，跟無限大的意識同時存在。

這樣子解釋，已經不是我們在活生命，而是生命來活出我。宇宙不分別、不生不死的意識，也只是透過我，透過全部的我，來觀察到它自己。

一切都顛倒了，一切的問題會消失掉，這就是解脫。

04

「這裡！現在！」是解脫唯一的門戶

奇點和超越，就在「這裡！現在！」，而不可能不在「這裡！現在！」。

因為這個觀念太重要了，我想試著用另外一個方法，把「這裡！現在！」說得更清楚一點。

我們每一天的經驗，其實是由每一個瞬間所組合起來的。我們的腦自然會希望把這瞬間透過過去的經驗，延伸到未來。所以，我們隨時都活在別的地方、別的時點。

假如我們把人生的經過，當作一個切面或電影的畫面來表達。自然會發現，每一件事情發生，都要透過現在這一刻，這畫面才會呈現出來。這是唯一的一個切面，能直接作用、影響到我們的生命。其他的——過去、未來——都還離不開我們思考的範圍，是透過思考才取得的。但是，我們人很可惜，把自己切割成兩個「體」。一個「體」是真正的體，透過瞬間活出。

另外一個「體」，是透過念頭的作用而合成的。我們同時都活在念頭世界，而以為這個念頭體是更真實的。

只要把注意力帶回到「這裡！現在！」，這個瞬間，全部的問題自然就消失了。

因為，在人間，只有「這裡！現在！」是真的。也只有「這裡！現在！」值得讓我們注意。

回到這個瞬間，也就是全部投入「這裡！現在！」。不管是在吃飯、喝水、講話、做事、散步、打掃、健身、開會、看一朵花、寫一張紙條……完全投入這一瞬間。也就是臣服於一切。臣服於這個瞬間

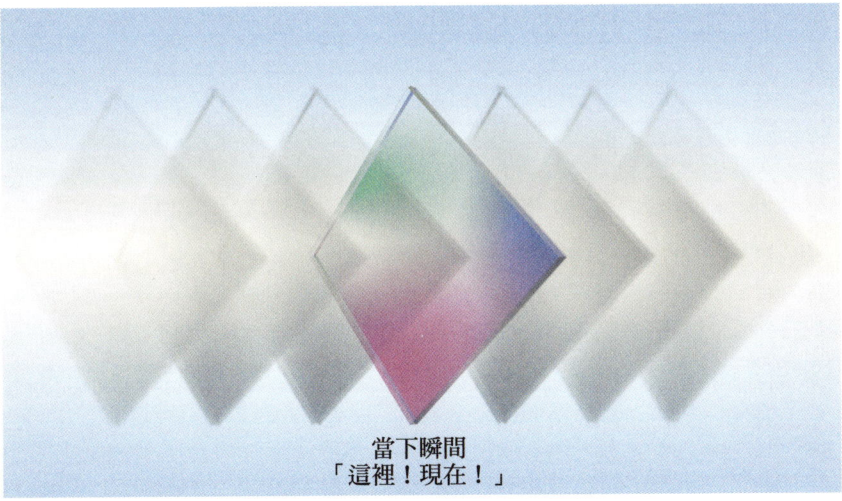

假如我們把真實當作一個畫面來描述，唯一真實的畫面也只是「這裡！現在！」（圖的中間）。其他一切的畫面，包括過去、未來，都不存在。一個瞬間過去了，下個瞬間，也只是瞬間。過去跟未來，還只是一個頭腦產生的印象。所有的畫面會不斷地動，但是都要透過這個瞬間，才能化現在眼前。

帶來的所有形相。完全接受一切，包括隨著每一個瞬間而來的變化。自然就失掉所有抵抗。

失掉抵抗，「我」跟這個瞬間不用再產生摩擦。沒有對立跟摩擦，自然任何形相，包括「我」，都失去了它的威力。「我」的身分也只是形相，跟這個瞬間帶來的任何形相沒有對立。「我」也自然消失了。

沒有任何抵抗，所有念頭自然就消失了。我們也自然與生命合一，而這生命不光包括這小小局限的意識、家庭、世界，自然會包括整體、全面的意識。

懂了這些，我們就發現，整個宇宙是透過我的意識而呈現。我透過這無常的肉體活出來的人生，也只是整體意識所延伸出來的一小部份，不可能跟整體分離。我，也從來沒有離開過它。我也老早就回到家了。一直在家。

因為我已經充分知道，我跟這個宇宙分不開。甚至，就是宇宙所延伸的一部份。我也不用再計較宇宙透過人生所帶給我的一切是好是壞，也不用再抵抗任何瞬間所帶來的考驗、危機或任何其他的形相。

我只是清清楚楚知道，任何形相本身就是萎縮。萎縮就是形相。但是，這個萎縮是在一個很局限的層面造出來的波浪。我完全不抵抗任何形相——我可以容納一切，一切瞬間所帶來的形相。完全容納這個瞬間，我自然就跟這個瞬間合一。合一，我自然消失任何區隔，不再區分主體和客體。也就是說，沒有人在做，也沒有被做的東西。任何客體，跟我再也沒有任何分別了，也跟我無關了。

沒有主體，沒有客體，沒有局限。我也只能從這個人間挪開，輕輕鬆鬆落到另外一個更深、更廣的層面。這個層面，就是這個最源頭的意識，也就是最原初的知覺，照明一切。

有趣的是，雖然這個最原初的知覺，是透過我跟我的感官照明出來的。然而，就算沒有我，沒有我的感官，它本來也就存在。嚴格說，這個最源頭的意識，跟我或任何一物不相關。它本來老早就存在，從來沒有不存在。它是最根本的意識、最根本的狀態，也是最輕鬆、最源頭、最不分別的意識。讓我可以透過它輕輕鬆鬆存在。這個存在，在一口呼吸、一個念頭、任何「動」之前，就已經在了。我也只是透過它，才存在。

在這個意識當中，我不用再繼續談什麼叫念頭。甚至，不用再追究煩惱、萎縮種種人生帶來的痛苦。

醒覺，也只是輕輕鬆鬆地照明，而這個照明一切，是宇宙透過我來照明的。

最有意思的是，因為我們可以這樣子透過瞬間，把客體意識挪到旁邊，接下來已經不會再談到「我」在呼吸、「我」在想、「我」在活。反而，很自然的會體會到，是生命來呼吸我。生命來想我。生命來活我。我跟生命已經不分手。其實，我就是生命。

所以，前面提到過——要醒覺，我們只能存在。也只是這個意思。我們就是生命、存在。也就是這麼簡單。

再一次說，透過瞬間，醒覺不是透過任何「動」取得的。也不可能取得任何東西。我們透過瞬間，只是讓這個最原初的一體意識輕輕鬆鬆存在。而它本來就存在，也只是這樣子。

任何瞬間所帶來的好壞、變化，我都輕輕鬆鬆地接受，容納它。只要我跟這個瞬間完全接軌，念頭自然就消失了。從另外一個層面來看，我本來就是生命的一部份。任何瞬間所帶來的形相，也都是這個生命的一部份。它也只是透過和瞬間的交會才得以呈現。這麼說，我全部接受這個瞬間所帶來的種種形相，也是讓我清清楚楚知道——我和生命不分手。我就是生命。也就是說，只是清清楚楚知道——一切本來就如此，也不可能不如此。

生命和宇宙，絕對沒有失誤。我也只能讓一切存在。我也只能敬重一切有形有色。

我也自然活在當下。

活在當下，我自然就進入一個寧靜的狀態。這個甜蜜的寧靜，我們也可以稱它是空或空檔，也只是一個無念、無色、無形、無條件的狀態。透過這個空檔，我也只能照明任何瞬間所帶來的形相，觀察到一切的變化。最不可思議的是，這個空檔、這個寧靜，溫暖地把每一個瞬間包起來。就好像站在「空」或「沒有」來看「有」，再也不會讓瞬間所帶來的「有」，跟我們的生命造出對立。

其實，生命本身就是這瞬間。你，也只是這個瞬間。瞬間跟生命都一樣的。都是神聖的。

活在當下。取得瞬間。解脫。醒覺。也只是把生命的空檔找回來。

這是人生最大的奇蹟。

這麼說，透過每一個有色有形，也可以把自己找回來。任何有色有形都可以是一把鑰匙。

我在這裡，把這一把鑰匙交給你。可以透過它，把人生解開。把全部的生命找回來。

05 容納一切的形相，也就自然進入「這裡！現在！」

從任何形相，都可以找到人間的出口。

我前面所說的許多觀念，我認為是關鍵，只怕還不夠清楚，讓我再用另外一個方式來彙總。

釋迦牟尼佛在兩千五百多年前，透過《心經》的「色不異空，空不異色。色即是空，空即是色。」就把一切交代清楚了。但是，我們因為質疑心重，覺得這只是比喻，和自己的生活不相關。然而，這幾句話就是最珍貴的一把鑰匙，一個解答，可以讓我們從這時空跳出來。

假如我們充分了解這幾句話，自然就可以容納任何有色有形的現象。不管這些現象多不愉快、多負面、多令人難受，帶來多大的危機、多強的刺激，從表面上來看多麼不完美。這幾句話，也是靜坐最好、最有效的方法，也是任何修行功夫最後得到的結果。

也就是說，清清楚楚地知道——這世界樣樣都是腦海所投射出來的妄想，沒有一個東西不是在起起伏伏。不在生，就在死。都是無常，都是靠不住的。從這個人間的點點滴滴，不可能找到真正的快樂、真正的解脫，也不可能找到生命全部的答案。這麼說，有哪一個形相值得讓我們計較，有什麼人生的結果值得追求。還有什麼東西需要我們抵抗。

容納一切，也只是對「這裡！現在！」全面的接受、全面的服從，放下任何抵抗。甚至，沒辦法接受、沒辦法放下這個抵抗，也只好就接受這個「沒辦法接受」的抵抗。

這個瞬間，再怎麼好，也只是如此。再怎麼壞，也只是如此。瞬間和瞬間中，也只是如此。進一步，任何瞬間，最多也就是這樣子——就是。

就是這樣子。

就是這樣子。

「是」到底，也只是這樣。不可能不是。也不可能更是。所以，也只能是。一切「是」，我都可以接受，我都可以容納，我都可以不去抵抗，這就是臣服。

再怎麼大的危機，包括人間認為不可能容納的災難，也就是這樣子。

臣服，就是與「這裡！現在！」接軌

只有透過「這裡！現在！」，我們才有可能跟生命完全接軌。臣服，也就是跟任何瞬間所帶來的形相接軌。不光是不計較，反而可以容納任何瞬間所帶來的一切。這裡，我用螺旋來表達生命場。接軌，也就是完全順著這個生命場而存在。

過去了，也就是這個樣子。

醒覺，也只是完全接受任何瞬間所帶來的變化。讓我們和生命透過這個瞬間充分接軌。同時找到生命的空檔。透過這個空檔，讓我們清醒地看著這個世界。把這個空檔，也就是寧靜，帶到每一個角落。透過任何動作，包括任何情緒。

再一次強調——就是因為這個瞬間不順，我們才會期待，才會抵抗，才希望做些改變。也就好像我們移動這個瞬間，希望改變這個瞬間所帶來的內容，也就是我們的人生故事，認為這樣會讓自己好過一點。我們不妨試試看，在這時候，就接受「自己沒辦法接受」吧。容納自己認為不可能容納的。甚至，接受這個抵抗、接受內心的反彈——「OK，反正我作不到」。接受「能接受」。接受「不接受」。

這麼做，會發現原本很大的情緒起伏，頓時平緩了許多。原本很粗重的煩惱狀態，也就突然鬆脫了好大一部份。透過接受、臣服，從情緒的高張中，為自己爭取到一點空間，開始有能力覺察到內心更隱微的窩囊和脆弱。這個時候，念頭也慢慢的安靜了下來。

用這個簡單的提醒，會發現念頭馬上減少，心裡自然產生一個寧靜的空間。雖然可能還是不好受、不舒服。但是底下有一層寧靜自然散發出來，在生命最大的危機、最大的失落、最大的悲傷中，自然會發現裡頭還有個東西不動。這也就是我們不生不死的層面，也就是——這裡！現在！

這麼說，一天下來，任何有形有相的東西都含著一個出口。透過這個出口，都可以跳出這個人間，把自己找回來。同時，讓我們發現，人間只是全部的我的很小一部

人生痛苦的出口，在每一個角落，甚至在每一個有形都能找到（在圖中以各式各樣的出口標示 exit來表示）。假如無形無色的生命根源，不存在於每一個有形的角落，我們也不可能找得到它。

份，它本身是靠過去和未來的念頭所組合、所維繫的。有了這種體會，自然就會發現——我，不可能是一些生命的狀況或是一生的故事可以代表的。我跟生命從來沒有分開過。我就是生命。生命就是我。

我，就是。

這樣子體會下來，才會理解——我們過去，乃至一生都活在客體意識的層面看這世界。因為我們透過分別心、比較心來看世界。任何所見的一切，跟我們之間都生出了一個主客對立的分別距離。

就連上帝，都跟我是分開的。我們想到上帝，通常馬上想到一個客體，和「我」是分開的，是兩個對立的「體」。

就連修道、開悟，在我們心中也是一種客體，是透過「動」（比如多年的功夫、追求）可以追求到的。延續著客體意識的邏輯，連我們的本性，也都只是一個客體。是可以抵達的。

我們這麼過了一生，壓根想不到這一套邏輯本身就是矛盾，沒辦法解答。完全沒有發現——這個主體（我觀察、我思、我想的「我」）在任何客體內都在。非但任何客體都含著我，甚至「我」醒覺、「我」覺察也不需要任何客體來存在。輕輕鬆鬆的，我，就是。

正因如此，耶穌在《聖經》裡，多次用 **I Am** 這兩個字來表達這一切——我是。我在。我就在。《律法書》中，神對摩西說 **I Am that I Am** 這句話，意思是說——我存在，不需要憑藉任何東西、任何現象，來讓我知道我在。進一步講，醒覺，是完全沒有條件的，沒有前提的，倒不需要在上面再加點什麼來約束它。

醒覺，就是。

醒覺的醒覺，是我們這一生來最自然的狀態。什麼都不用做，本身就存在了。從來沒有生過，也沒有死過。

就讓這個瞬間存在，容納眼前的一切，完全的臣服。也就是回到最輕鬆、最原初的知覺。它就是醒覺。是由從來沒被創造出來過的因地自然產生的。容納一切的現象，容納一切的生死，包括我們的肉體。更微妙的是，還容納整個宇宙還沒爆發出來的潛能，以及有了宇宙之後，一切的轉變。它是意識的背景，容納一切生命呈現的前景，包括我們生命的狀況和其他現象。

06

全部的你，在每一個角落都存在

……而全部的你，本來就存在。倒不需要去找它。

這些觀念，跟我們一生所接觸、所聽到、學到、體驗到的，剛好顛倒，甚至可能完全相反。

因為我們一輩子都活在生命的前景。跟著這個有形有色的身心，在成長、轉變、老化中，不斷地「作為」，不斷地「動」，而完全忽略掉無色無形的生命。完全忘了——無色無形，才是全部的你、全部的我、全部生命更大的部份。也就是說，我們被小小的不到萬分之一的有形有色的「有」騙了一生，忽略掉生命最不可思議的「沒有」。站在「沒有」或「空」來觀察生命，會發現生命就是永恆，是無限大，也是無限小。然而，我們卻被那小小的「有」虜獲。

這些話，還是受到語言的限制。因為，這樣子表達，好像「沒有」、

「空」又成了「有」的對立。其實，空包括一切，一切也只是空。

回到我們生命，自然會發現這些道理我們本來就懂，只是忘記了。假如它不是我們生命的一部份，一個人絕對醒不過來，會永遠沈浸在一般的意識狀態，繼續在人生的夢中醒醒睡睡沈浮著。

因為，這些道理本來就是我們每個人的一部份、每個生命的一部份。早晚它一定會冒出來，倒不需要我們調整或轉達。佛陀當時說連一朵花、一片草葉都會成佛，就是這個道理。佛心是每個我們、每個生命，乃至於每個無生命、每顆石頭所帶有的。

這麼說，我們也可以講——我們什麼都不需要做。連臣服、容納一切、全部接受……都是多餘的。我們前頭也說過，好像在一個頭上，又安了另一個頭，追加了一個不需要追加的動作。說到底，連「不需要做」都不用做。

也就是說，透過瞬間——「這裡！現在！」，當下，我們自然就把自己完全交出來了。容納一切。從有形的意識，自然轉到無色無形的「空」。什麼都不用做，因為我們本來就有這一切。

確實，這道理從古人到現在都懂。我們再怎麼追求悟，都悟不到的。

全部的意識，也就是全部的生命，也只是透過我們，來照明這個世界。透過我們，活出這個生命。透過我們，觀察到自己。透過每一個形相，透過每一個人間的角落，我們都可以接收全部生命所帶來的光，而把這個無色無形的光明轉達出來。這麼說——我就是生命。生命，也就是我。

這個圖上方的螺旋，是來表達生命場，包括有色有形和無色無形。圖的下方所描述的是——透過我們，可以把這個光明轉出來，照明這個世界。

是悟，來悟到我們。是空，來空我們。是恩典，來恩典我們。是生命，來活我們。

這才是——全部的你。

醒覺後，自然會發現，人間是瘋狂的。是在一個無意識的昏迷當中。但是，我這裡還是要強調，就算如此，人間有人間可愛的部份。所以，一個人就是醒覺過來，也只能勇敢地走下去，順應著這個人間的舞台來演變。也可以完成一些任務。但是，再也不會被這個世界帶走了。

07

關鍵的，是空檔

活在「這裡！現在！」，就是進入無思無想。進入無思，自然達到沈默。

生命或是意識的背景，我們也可以稱之為因地，跟一切萬物的生死，也只是兩面一體。也就是說，從「沒有」、從因地，生命可以延伸出來一切的一切，萬物的萬物。我們也可以稱因地為生命全部的潛能。

這麼說，它也離不開生命的前景。從背景反映到前景，而前景又反射回背景。外在的世界反映內在的心，而內在的心也映照著外在世界。

這麼說，從聲音可以找到無音，「動」可以找到「不動」，「思」可以找到「無思」。我們懂了這些，會突然跳出人間。生活的注意力會突然轉變，從「動」注意到「不動」，從「聲音」注意到「無音」。

這種理解，本身就是一個最好的靜坐方法，而可以讓我們拿到一把鑰匙，把無色無形找回來，我們會突然發現——

話跟話之間的空檔，蘊涵著一切的聲音。

念頭跟念頭之間的空檔，也蘊涵一切的念頭。

動作與動作中間的空檔，也含有全部的變化潛能。

而這個空檔，也只是寧靜。寧靜，也就是因地，也就是生命全部的潛能。沒有寧靜，也不可能有平靜，更不用講解脫。

也就是說，這本書所寫的許多字，其實都指向的是字和字之間的空檔，字和字之間的沈默，字和字之間的無形，念頭和念頭之間的寧靜。這麼說，只要我們注意力停留在任何形狀，都自然可以循線找到形狀和形狀之間的空檔。讓我們很輕鬆、自然地看穿這個世界，並消失全部的煩惱。

過去，有許多朋友不斷地問我各種靜坐、修行的方法，我也只能回答「每一個都好」。因為重點不在這裡。不在任何方法，甚至不在任何用功上面。只要我們把注意力落在每一個身體的部位、功能，無論是呼吸、腳趾頭、念頭，或是外頭的一朵花，一片葉子，一顆石頭，一點星光，都可以達到一個無思無想的境界，把自己找回來，把真正的我找回來。

找回來的話，就是。

就是的話，也只是，就是。

這才是真正的靜坐。

所以，真正的靜坐，比大家想像的簡單多了。懂了這些，你自然就在靜坐中，跟姿勢、功夫、作為、期待、成為都不相干了。一天在活的當中，都體會到人生的空檔。而且，就讓這空檔反射出一切無形無色的層面。

就是那麼簡單。

呼吸

講話

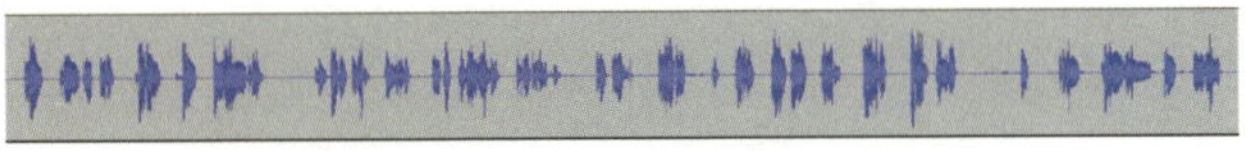

動作

生命所帶來的空檔。任何空檔，不管是呼吸的空檔，講話的空檔，動作的空檔，或是瞬間和瞬間的空檔，都可以當作一個工具，讓我們找到生命的全部。這跟一般人所想的，完全相反。這裡，我用呼吸、講話、動作當作三個實例，來代表一切的「動」、一切的作為。在每一個「做」和「做」的中間，都可以找到生命的空檔。

外在的平安，是內在深沉寧靜的流露

我們可以把「平安」稱為人間最高的境界，它本身是每一個宗教、每一個修行法門所追求的最後結果。我們仔細觀察，古往今來每一位大聖人，都特別強調平安，認為是一個最高的功德。過去每一個大聖人的境界，也離不開平靜或是平安。

平安，本身就含著快樂、成就、舒暢、滿足，也含著輕鬆「存在」的觀念。可惜的是，一般人都以為平安是可以找來的，是透過種種的作為而可以達成的。我們通常會透過種種的練習或追求，希望最終能達到這個境界。也就是說，我們透過外在的世界，隨時想把平安找回來。

我透過這本書想表達的是——平安，也只是個存在所帶來的境界。它跟任何作為不相關，跟任何外在世界的條件更不相關。進一步說，站在外在世界，絕對找不到平安。平安，也只是內心寧靜的結果。內心的寧靜，也只是完全包容瞬間，接受瞬間帶來的種種變化，不再對它們有任何抵抗或對立。所以，寧靜也只是透過臣服、容納、接受、放下而自然呈現的。我們本性隨時都寧靜，只要把「我」挪開，我們生命自然就寧靜，從來沒有過不寧靜。

寧靜浮現出來，自然會影響到內在和外在。內在和外在，本來就是生命一體的兩面。這麼說，內心寧靜，外在一定會平安，而不可能不平安。平安本身就是寧靜的一個成就。反過來，一個人外在不平安，內心不可能是寧靜，而更不可能隨時找到生命的空檔，更不用說他——活在瞬間。

一個人只要平安，生命就已經脫胎換骨。命運也轉變了。之前所面對的種種不順的事，透過內心的寧靜，再加上外在的平安，自然會發現——生命順和不順，都還是念頭所帶出來的。活在每一個瞬間，沒有什麼叫作順或不順。奇妙的是，這樣子面對每一個瞬間。突然，外在的生命也就順了。

甚至，連順不順，我們也不再追求了。瞬間和瞬間當中，只剩下平安。

08 生命，不需要非得怎樣

Life is not about anything.

對人生，唯一可以確定的，就是——不確定。

前面，我們已經探討過「自我」，包括物質層面和心理層面。同時，我們也強調，這個「我」就是人生種種痛苦的源頭。我又把「這裡！現在！」，也就是這個瞬間、當下的重要性作了一番闡述。接下來，我會在本書透過種種比喻和指標，將你帶回「這個瞬間」。但是，這裡，我想再補充一些觀點，讓「這裡！現在！」的觀念更能融入生活。

活在當下，也就是活在「這裡！現在！」，不過是輕鬆而清楚地觀察每一個瞬間。我們在人生中，每一個人都嘗過當下。不管是走路、思考、講話、吃飯、工作、爬山、休息當中，都發現念頭和念頭之間自然有一個空檔，讓我們的意識能輕鬆集中在那個瞬間，而沒有念頭的干擾。這個空檔，

「這裡！現在！」被當作通往「以後—那裡」的墊腳石

我們從來沒有對這個瞬間——「這裡！現在！」滿足過，它對我們不重要，反而過去跟未來更重要。我們利用過去，來設計未來。忙得很。都認為下個瞬間比這個瞬間更重要。我們，誰有時間可以給這個瞬間？

儘管有時候稍縱即逝，但只要體驗稍微長一點時間，就能帶來一種放鬆而舒暢的感受。然而，從「我」的角度，會認為這種感受不重要。因為，站在「我」的觀點，哪裡有時間可以關注「這裡！現在！」。過去的痛苦、未來的籌備當然重要多了。

這些經驗從「我」的角度來看，實在沒什麼了不起，甚至不值得記得。「我」馬上會生出抵抗和反彈，讓我對這個瞬間不滿。生起種種念頭，作為抗議，把我們的注意力再帶回念頭的世界。抵抗和對立，也就是「我」。

也就是說，我們每一個人，本來就懂什麼叫作「這裡！現在！」。因為它本來就是生命唯一重要的部份，也是唯一真實的部份。同樣的，我們每一個人本來就都有永恆、完美、愛和喜樂。這些才是生命最根本的狀態。前面也提過，假如沒有永恆，我們絕對不會體會到什麼是「無常」。正是因為生命是永恆，我們才會體會到人間帶來的局限，跟種種的限制，包括無常的觀念。是站在永恆，才會看到無常，才讓我們體會到無常。

同樣的，生命本身就存在愛、喜樂、光明。是透過愛、喜樂、光明，我們才看得到人間種種的痛苦、悲哀與陰暗。

我說這些話，很可能跟大多數人的想法剛好相反。但是，仔細觀察，你會發現我說的是再合理不過了。我們意識本身就是一種對立、分別、比較所組合的。如果沒有對立的一端，你根本看不到另外一端。我前面還說過，這些生命最根本的狀態，你連找都找不回來。因為它本來就存在，從來沒離開過我們。反過來，是透過這些狀態，我們才知道人間所帶來的種種扭曲、不快樂、不圓滿、不滿足、悲哀、陰暗。

進一步講，假如沒有這個無色無形，連「知道」的觀念都不存在。沒有「無我」，我們也體會不到「我」，根本不可能從「我」走出來。

生命的奧妙

我接下來想強調——我認為生命最有趣的一個奧妙（paradox）。這個奧妙，是我們過去比較不會觀察到的。也就是說，我們的生命本來就是永恆，本來就有無色無形，本來就是喜樂，本來就是光，本來就有寧靜，本來就在存在。這一些屬性，最多也只可以指向絕對的觀念，而我們借用來描述絕對、無條件、無限大的一體意識，也就是生命的背景。

透過喜樂、光明、寧靜、存在、永恆、無始無終、無形無相，我們才可以觀察到痛苦、光明的陰影、生命的死亡、無常、有色有形與任何作為。人類的腦一定要透過一個二元對立的平台（duality），透過對立比較，才可以「看」到或「體會」到。

也就是說，假如沒有「常」，我們絕對體會不到「無常」。沒有「寧靜」，也不可能有「不靜」。沒有「無色無形」，絕對沒有「色」、「形」。沒有「無始無終」，也不會有「時間」。假如人生不是本來有喜樂，我們不光體會不到痛苦，也不可能不斷地想回家，更不可能會想到要把這個家稱之為喜樂。假如沒有天堂，也不可能有人間或地獄的觀念。沒有存在，我們不可能體會到什麼叫作「動」，甚至「不動」。

也因為這樣子，我在書裡才提到——死亡只是生（birth）的對立，並不是生命的對立。反過來，透過生命，我們可以觀察到生，也可以觀察到死。也就是說，生命是絕對的，而生死跟任何其他生命的狀況是相對的。

我認為補充這些觀念相當重要。因為我們一般人都會質疑這個無色無形，跟我們的生活有什麼關係。也會認為這些觀念好像很抽象，我們一般人體會不了。更不用說，我們會認為自己做不到。我想表達的是，絕對的意識，以及由絕對延伸出來的觀念，從來沒有離開過我們，而且不可能離開我們。沒有絕對，我們也不可能有相對的人間好談的。醒覺，也只是輕輕鬆鬆把「絕對」找回來。而找回來的方法，也只是把「相對」放下來。「絕對」就自然透出來了。我們什麼都不需要做。

因為這個觀念的重要性，我想再進一步，把一些看似對立的關鍵詞再提出來。看著這些詞，理解它們沒有對立的關係，本身就會帶來更深的領悟。讓我們把人生的機密找回來。

練習

以下這個列表，上面是種種由「絕對」延伸出來的觀念，而下面也都只是相對的觀念，倒跟上面「絕對」的描述沒有直接的對立關係。也就是說，站在上面的「絕對」，才可以看到下面的「相對」。但這兩邊並不屬於同一層面的意識。

生命 ↔ 生死
無始無終 ↔ 時間
無色無形 ↔ 有色有形
永恆 ↔ 無常
寧靜 ↔ 不靜
喜樂 ↔ 痛苦
光明 ↔ 黑暗
天堂 ↔ 人間
生命的背景 ↔ 前景
我在 ↔ 我做

存在←→作為

我們一般人以為——「動」跟「不動」，「無常」跟「常」和永恆，只存在著對立的關係。這個錯誤的觀念，本身就誤導了我們上萬年，帶給人類那麼多的制約和局限。我們的腦只能體會到相對而有限的範圍，所以，我們自然會以為它們還是對立的兩極。此外，因為我們受到局限的限制，我們也不可能體會到無限大的、沒有條件的意識（生命、無色無形、永恆、喜樂、光明、存在……）。這些誤解，是我這一生覺得最不可思議的。而且，這些誤解，就是人間痛苦的來源。

用這種角度來看生命，也一樣會發現生命的空檔——「這裡！現在！」其實不用去找。我們是透過空檔，或是寧靜，才體會得到「有」或是一切的「動」。若非如此，我們根本體會不了什麼是「動」。進一步說，這個空檔，在任何形相中都存在。接下來，我想舉一些實例，讓我們可以把這個觀念與生活結合。

在前一卷，我曾經提到過——不圓滿的關係，是人生最大的一門功課，也是世間最難的一門課。關係，尤其不圓滿的親密關係，在我們心上烙下好多情緒的傷疤。而且，透過情緒和萎縮體的作用，把悲傷放大再放大，讓人感到格外的痛。所以，在穿越關係的人生功課時，要找到空檔，回到這個瞬間，回到「這裡！現在！」，確實不容易。

但是，再怎麼痛，這時還要記得，它離不開一切的念相。是我們人，透過「我」把它延伸出來的。這麼說，假如想穿越關係的功課，在種種痛苦中找回空檔，找回寧靜，我們可以考慮採用接下來的方法，也就是你在難受的時候，試著在心裡這麼提醒自己——

練習

我這麼不舒服。他是不是一樣不舒服？
我這麼痛，他大概也這麼痛。
我沒有安全感，他一樣沒有安全感。
我懷疑他，他也懷疑我。
我受到委屈，他也好委屈。
我受傷了，他也傷到了。
我覺得他不好，他也覺得我不好。
我很挫敗，他也很挫敗。
我過不去，他也過不去。
我難過，他也難過。
我不能過，他也不能過。
我這麼做，他也這麼做。
我假如是他，也會這麼做。

試試看，一開始可能會很勉強，有些話就是說不出口。我們可以換一句說得出口的話來說。實在連這都做不到，就接受「我現在做不到嘛！」

只要做下去，漸漸的，你會發現用這個方法，「我」所帶來的萎縮動能會明顯地下降。自然讓我們落入一個生命的空檔，一個念頭的寧靜。也就發現，我們認為重要、老抓著不放的種種想法，開始失掉了絕對的重要性。同時，也就不用再拿任何挫敗來責備自己。挫敗感，還是離不開念頭，也離不開某一個觀點。它本身，不存在。

把這個空檔帶回任何關係，不管多麼不圓滿。同時帶給自己空檔，是任何心理療癒的第一步。它本身也帶著我們臣服一切。讓我們可以包容瞬間所帶來的任何刺激、任何考驗。

找到空檔，我們接下來對人生也就自然看開，對任何念頭也不會那麼重視。甚至，對人生也不會再有什麼期待。同時會發現，生命不需要承擔任何責任，也不需要呈現任何樣子。相對的，別人也不用對我們承擔任何責任，也不用呈現任何我們要求的樣子。其實，我們的要求也不見得合理，還離不開我們主觀的期待。

講白一點，我們管不了那麼多的。要管的，也不見得重要或合理。任何「管」，也還只是反映「我」帶來的一個大妄想。

這麼想，不光可以放過自己，還可以放過別人！進一步講，連放過自己、別人或不放過自己、別人，都還是一個大妄想。同樣是一個由「我」而生，把我綑住的大妄想。然而，生命，也就是宇宙，一點都不在意。宇宙本來就是一個整體，也只是這個整體，不會受到任何念相的影響。

懂了這些，也只能這麼說——就讓這瞬間存在吧！

一個人，只要懂了這些，而實際執行，會發現人生也只能用這種態度面對任何關係。不光是夫妻、孩子、父母、朋友、同學、同事、客戶，就連任何不認識的人，也只能用這種方法去面對。我沒有任何期待，我就可以從任何關係，無論親疏遠近，隨時站在一個更深沉的空檔，更深的寧靜來觀察。無論我跟誰在互動，我都把自己透過「這裡！現在！」這個瞬間，完全交給對方，包容一切。

試試看，生命會變得更友善，我們也輕鬆地把自己帶回到「這裡！現在！」。

醒覺，就是透過這個瞬間，勇敢走下去。雖然這一條路和人類所珍惜的價值是顛倒的，還是要走下去。

第四卷　透過形相，醒覺

透過形相醒覺，本身就是一個大的悖論，本身就帶給我們許多矛盾。你可能會說「等等！我們不是透過形相，才把意識困住嗎？怎麼還可能透過形相解脫呢？」表面上看來，確實是不可能的，會認為應該相反。其實，每一個形相都含著無形無相。也就是說，「有」都包含著「沒有」。因為「有」也有「沒有」，所以「有」才可以延伸到「沒有」，也可以變成一個解答的門戶。這是古往今來最大的機密。

01 把每一個形式，當作意識轉換的門戶

醒覺，也只是透過形相，看到無色無相。

我這裡想作個簡要的彙總，希望用另一個角度，來表達前面的章節所帶來的觀念。

任何有形的東西，包括念頭、情緒、事件、物體，這些可以體驗到的事物（前景），都含著一個背景。這個背景，不是一個客體。它是一個場（field）。這個場，是無形的。這個場，也是空。任何形式都含著空，從太陽，到最小的分子、乃至於亞原子粒子，也都是空組合的。因為任何形式所含的空，可以說是空衍生出來的。所以，從「有」的形式，走到「沒有」的一體意識，不需要經過任何「動」，就可以得到。

差別在於，意識鎖定了什麼位置來看一切。也就是意識用什麼角度看這世界，看這一切。

任何形式，只要可以想像的或是體驗的形式，都是意識的客體。前面也提過，從我們的角度，連上帝，我們都把它化為意識的客體來解釋。我們甚至還會進一步，形容上帝是年長的男士。這個表面上的矛盾，其實有個合理的解釋。因為任何形式或經驗要生起，它本身就要靠我們有局限的腦予以組合。這個局限的腦受到二元對立的原則所限——有主有客，有我有你，有意識，有意識的客體。有這樣的對立，才可以被念頭所敘說。

我們從來沒離開過客體意識，把每一個現象都分成可被體驗的客體，和能體驗的主體，並以「體驗」這個動作連繫主體和客體。連上帝，我們都把祂畫成一個客體。比如說在西方，上帝應該是一個年長的白種男士，而我們只是小小的子民。我們和上帝之間，存在著無限大的隔離，永遠也達不到主的地位。

所以，我們看到、體會到的這宇宙的一切，包括念頭，都受到我們腦天生的局限，而被扭曲成為客體。就好像科學家在做實驗，看到最後的結果，都脫不了觀察者、觀察方法的關係。也就是說，沒有所謂的「客觀」、「獨立存在」的結果，這是量子物理學早就證實的結論。

這個宇宙，我們所看到，所體會的宇宙，也只是如此。我們認為很客觀、很堅固的實體，一點都不客觀、不堅實。我們再怎麼努力去觀察、檢討、追求、分析，都沒辦法把這個宇宙、這個生命，也就是真正的我，描述清楚。因為這本身就受到語言、念頭、觀察的限制和扭曲。可以說——我，真正的我，看不到我自己。因為只要看，或透過任何「動」，我已經把真正的我分裂成主體和客體了。這麼說，真正的我，連一個主體都不是。也就是說，我們耳熟能詳的「我有生命」、「我失去了生命」這種說法，根本是矛盾的。因為我只能是生命。

我，就是。

而我，就是生命。生命，也只是透過我才能存在。不可分割的。

只要有分開，包括「看到」、「體驗」、「成為」、「做到」、「活到」、「想到」，甚至「理解」、「領悟」乃至於其他的「動」——我所看到的、種種可以體會到的，也就只是生命的一小部份。都是把無限大的意識，局限到一個角落，才可以用念頭和語言表達出來。

前面說，任何形式或「有」，都包括了無形或「沒有」。不是這樣子的話，從「有」我們絕對找不到「沒有」，找不到「空」，找不到整體。就是因為「有」隨時帶著「沒有」，我們才可以從「有」走出來，得到解脫，而一點都不會違反歌德爾定理或任何哲學的發現。「有」包括了「沒有」——這是佛陀、耶穌、老子……歷史上諸多大聖人都理解的，也是我們最普遍的狀態。

但是，透過形式的吸引力，我們都被各式各樣的形式困住了。看不透，也看不穿。這是這一生最大的謎題。

回到全部的我、全部的你，也就是看穿人生最大的謎題。

要解脫，也只是輕輕鬆鬆的從「有」移動到「沒有」。

從有形有色，到無形無色。

從過去未來，移動到這個瞬間。

從念頭，移動到無思無想的空檔。

也只是這樣子。

這樣子說，每一個有形的東西，也都可以成為一個通往意識的門戶。透過這個門戶，可以讓我們脫胎換骨，跨越人生的痛苦，甚至化解上萬年文明所帶來的悲傷。只要我們輕輕鬆鬆看透每一個形式，清清楚楚知道它本身就是從無形化現出來的，它就可以成為一把鑰匙。

無色無相的一體意識，透過每一個形相，每一個角落，都可以讓我們找到。就像上方的圖，每一個出口的標籤，就代表人間的種種形相，而一體意識就像光一樣，透過每一個形相，都可以亮出來，讓我們偶爾可以看到。下方的圖，要表達——有時候，透過人生承受不了的悲傷、危機，甚至死亡，這些形相開始化掉，不再那麼堅實。這些狀況，我們也可以稱為恩典，會讓一體意識的光明大量的透進來，讓我們的人生發生一個徹底、全面的轉變。這就是醒覺。這麼說，人生的經過，所遇到的每個人、每件事，都是出口，都是醒覺的大機會。

02

當下是個場

活在當下，也只是完全接受生命所帶來的各種變化。

每一個形式都可以當作一個意識的門戶。只要我們輕輕鬆鬆看到這個瞬間所帶來的任何形式。看著它，欣賞它，完全投入它。讓任何念頭自然起起伏伏，自然消逝，本身就帶給我們意識上的轉變。

停留在瞬間，本身就可以帶給我們一個平靜，甚至寧靜。站在寧靜，就讓我們觀察到「沒有」或是「空」。或是反過來，它會讓我們從「空」看到瞬間所帶來的任何變化。活在這個瞬間，接著，活在每一個瞬間，也就自然把生命的整體找回來。讓我們輕輕鬆鬆體會到一體意識，體會到全部的意識。

每一個形式，不管是好壞、恐懼不恐懼，我都可以容納、接受、不抵抗。也就那麼簡單，就把當下，也就是「這裡！現在！」，找回來了。嚴格講，當下找不回來的，它本來就存在。所以，「不做」比任何「做」都更快、更直接讓我們體會當下。我們最多也只是放鬆，讓「這裡！現在！」自然開展。

最有趣的是，只要把注意力輕輕鬆鬆地集中，集中在哪裡？集中在「這裡！現在！」也就夠了。不讓注意力流散到別的地方，不讓注意力流散到未來、過去，念頭也就自然消失了。

不光念頭消失，「我」也跟著消失了。「我」其實也只是一個形相，只要不透過形相造出一個身分、一個自己，「我」自然會縮小。縮小到最後，只剩下一個影子。最後，就連影子都消散。一個人，也自然醒過來了。

醒過來，也突然完成了人類的演化。想不到的是，這個「我」是透過萬年的制約所成形、所鞏固的，竟然可以透過一個瞬間、一個剎那，也就是說，不需要時間就可以跳出來。這，才是人生最大的一個奇蹟。

沒有念頭，我們照樣可以運作。想不到的是，每件事情反而會更順。反過來，不順，我也可以接受。因為我對任何東西不再期待，接下來自然就沒有對立。這樣子說，高矮、美醜、順不順、好不好，都跟我無關了。它們只是生命的條件、生命的狀況，在整體的我內不成比例，也不相關。

人生的演化，也就是把無形無相的面積擴大，讓有形有色的「我」減小，甚至消失。從圖左到圖右的變化，就是在表達這一個觀念。

這些話，含著另一個更深的意義。也就是說，我們完全交給生命。生命就突然擁抱了我們，活了我們。只要我們鼓起所有的信心，對生命和宇宙一點一滴都不懷疑。生命，就在任何角落活起來了，保護我們，帶著我們前進。我們再也不用懷疑任何瞬間帶來的一切——不管表面上多壞的事，包括危機，包括災難。這一切，其實含著更深的意義，是我們透過頭腦不可能理解的。生命有它的安排。我們也就全面接受它吧！對宇宙帶來的一切形相，我也只能如此表達我最高的敬意。

針對好的事，我也是如此。對這個瞬間所帶來的任何事，我也都只是如此。就算對這個瞬間，幾乎沒辦法承受，知道了，也只是如此。對每一個瞬間，我都 **YES! OK!** 來面對，全部阻礙自然就消失了。沒有阻礙，沒有念頭。沒有念頭，更不用談煩惱或萎縮，就連滿足不滿足都與我無關。我不再需要去分別、期待，甚至追求。哪裡還有問題？哪裡還有一個修行的觀念存在？更不用再談靜修、再談功夫了。

這樣一路走下去，我們任何動作都是一個神聖的、臣服的動作。我們一舉一動都是臣服。我們站在一個清明而不受制約的角色來進行，會發現——人生突然有意思了！不受限制了！樣樣都鮮活起來了！我們也從千萬年無意識的昏迷中醒來，重生。

我們每一個身體的部位，也跟著活躍起來了。充滿了能量，而點點滴滴完全投入生命，和生命達到一個整體的共振。

接下來，也不用追求好事壞事，自然只可能做好事。因為生命跟我分不開，我任何動作都跟這個瞬間，跟這個生命是接軌的。

理解了這些，就會突然體會到——當下不是主體，也不是客體，不是一個可追求的東西，它什麼都不是。唯一文字可以稍稍貼近的，就是用「場」的觀念來理解「這裡！現在！」，當下，本身跟這個生命的根源離不開。生命的潛能、生命的場，也只是透過當下所反照出來的。它只是一個能量場，也只是一個螺旋場，也只是因地，也只是一體意識。從這個場、從這個沒有，宇宙的萬物可以化生出來。

更想不到的是，只有透過當下，也就是「這裡！現在！」，我們才可以超越任何「體」。不管是身體、乙太．星光體、情緒體、思考體、宇宙心體、宇宙覺知體、靈性體……這些更微細的體（我在《靜坐》一書也提過），同樣都是由物質和形相所組合而成的。跟物質的身體一樣，要受到制約才得以存在。每一個體，都是帶給我們約束和設定。讓我們從無限大的宇

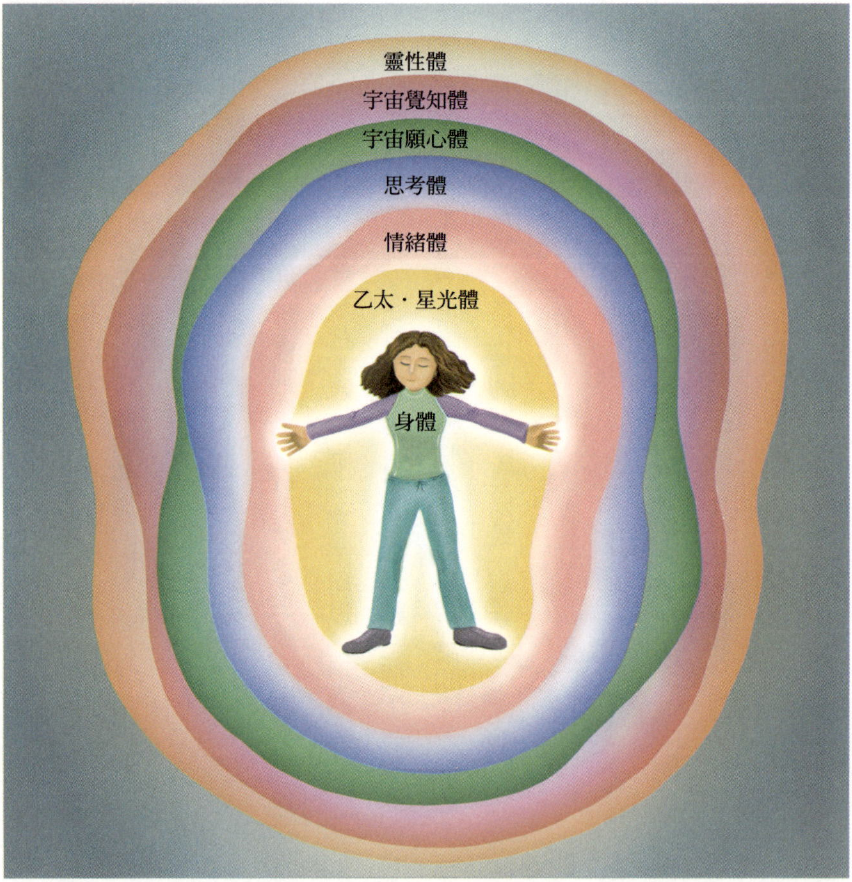

體驗人生，也就是透過每一個「體」來體驗這個世界。這張圖中，最裡面的是身體，往外是其他更微細的體：乙太・星光體、情緒體、思考體、宇宙願心體、宇宙覺知體、靈性體……愈往外，愈微細。我們透過這些「體」來看著這個世界。這些「體」自然會組成一個「我」的體。這個世界，也是透過一個「我」在體會的。然而，它最多也只能帶來一個局限的意識，要穿透這全部的體，才可以回到全部的生命。

宙，局限成一層層有界線的體。

唯有透過當下，我們才可以充分活在每一個體的瞬間，甚至超越它們。也就是說，透過當下，我們才可以整合生命全部的經驗，包括看、感受、觀和種種層面的體悟。可以這麼說，站在一個螺旋場來談，當下、「這裡！現在！」本身就是推動演化的一個力量，最原初的力量，讓我們可以從人間大步地跳出來。

很多朋友會認為，修行是從比較粗重的肉體，轉到更微細的體。以為解脫是進入思考體或靈性體這些比較微細、精妙的體，可能窮極一生都在追求這方面的境界。舉個類似的例子來說，天堂的境界當然比人間更微細，我們會認為是更高的層面。但它本身還是有形相的（有個「天」，有個「堂」），本身也離不開有條件的意識。

想不到的是，我們只要投入到這個瞬間，透過瞬間所帶來的螺旋場、生命場，我們就可以跳出一切。甚至，跳出任何體，到一個無體、無色、無形的生命。

前面，我們也談到，除了「我」還有「家庭我」、「文化我」、「社會我」、「民族我」、「地球我」、「人類我」，同樣都是我們萬年來的制約。要

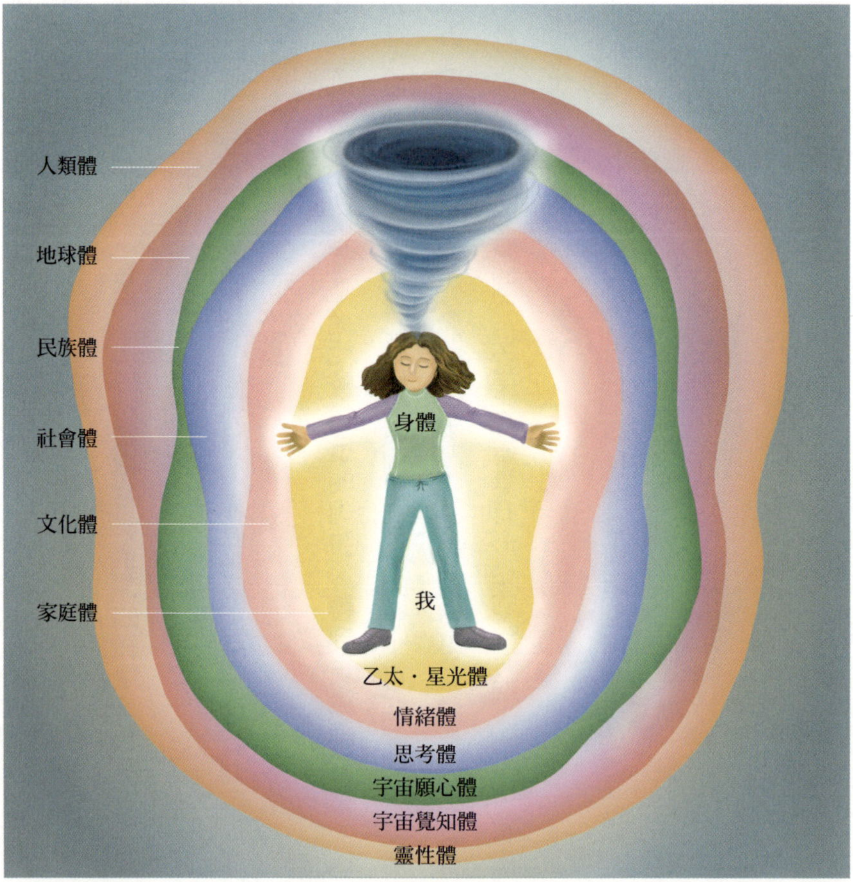

任何體，肉體，思考體，甚至「我」、家庭、文化、社會……種種制約而生的體，只有在一個點可以交會，而這個點就是——「這裡！現在！」。「這裡！現在！」產生一個能量場，而這個能量場能旋入每一個體。人生沒有別的點，能像這樣匯聚所有的體和無色無形的一切。在這個圖，最內圈表達的是人體，往外一層一層的，是包住人體的更微細的體。

解脫，這些種種的「我」都要粉碎。同樣的，也只有這個瞬間，這個當下，所帶來的螺旋場或是生命場，才有這個力量，讓我們跳出任何「我」的境界。

我再重複一次，宇宙是透過我們才知道（它自己的存在）。這麼說，離開我，也沒有什麼宇宙好談的，因為我跟宇宙從來沒有分手過。我本身就是宇宙。我本身就是生命。倒不是透過生命哪一個角落或任何東西、任何經驗，可以把我全部的生命、我全部的存在描述出來。任何語言所可以表達的，也就立時把無限大的生命化為局限的小部份。這一來，我也只能接受生命透過瞬間所帶來的任何變化。因為這些種種變化，從來沒有跟我分開過。反過來，跟這些變化計較、對立，才真的是矛盾。

03

向萬物說是

跟瞬間接軌，就是解脫。

練習

向萬物說是，就是承認宇宙，也就是生命——是不可能犯錯的！

也就是說，一切如此，也只是如此。

再進一步講，我們這一生來，所看到、體驗的一切，也就是這樣子，不可能不是這個樣子。可以接受這個觀念，就突然沒有什麼好計較的，沒有什麼好原諒，沒有什麼好追求，沒有什麼好期待，沒有什麼好規劃，沒有什麼可得不可得。我們可以完全容納這個瞬間帶來給我們的一切。

對好的事，我也擁抱，說「是！」。對不好的事，我也擁抱，說「是！」。再怎麼痛，我也擁抱，說「是！」。再怎麼痛心、痛苦，也只是說

「是！」。

「是！」到底，自然就讓我們停留在這個瞬間、當下。甚至，連當下的觀念都消失了，就是！

就是什麼？

就是！

這是我們一生來，要學習的最大一個功課、最重要的一個功課。嚴格講，它連功課都不是，因為沒有什麼「動」存在。

好笑的是，正因為我們不接受、不承認、不認為，所以對人生總是帶著一種對立、抵抗、矛盾、萎縮。其實，任何形相本身就是萎縮。而萎縮，就是「我」。不萎縮的話，生命就是永恆、無限、一體。生命種種的體驗，包括看到什麼、感受什麼、想到什麼、體會什麼，全都離不開形相，也離不開萎縮。去抵抗生命，去抵抗瞬間，才是矛盾。因為它本來「就是」，你再怎麼抵抗，還是「就是」。不可能不是。

練習

這樣一來，連我們在最悲傷的時刻，我們可以讓那個瞬間就那麼存在了。容納那個痛，容納那個悲傷，容納一切，包括喜樂。

讓它存在。不再加另一個解釋、説明、分析、衍生、投射。

向萬物説是，我們突然重生了。我們再也不活生命，而是讓生命來點點滴滴地活我們。意識透過我們來延伸一切，我們只是變成一個空的容器，只是一個能量的通道，清清楚楚同時體會到「有」與「沒有」。

再説一次，活在這瞬間，把全部的你找回來，也就是接受這瞬間帶來的全部、一切。也就那麼簡單。

我再也沒有什麼人生的故事好談、好計較、好懺悔。我跟我人生的故事是兩回事。我人生的故事，不管再好、再壞，也只是小小的無常的部份。它會生起，也會消失。然而，真正的我，是不生不滅的。

宇宙還沒有爆發出來前，我已經存在。全部星球都灰飛煙滅了，我也還存在。

我其實沒有生命。

我，就是生命。
我，就是。

對人間所帶來的每一個形相，說「是！」，也就是對生命帶來的種種變化，表達最高的尊重，表達最全面的接受。對一切說「是！」，也就是表達我再也沒有任何疑問。人生，再也不是問題了。我跟生命完全接軌了。這張圖裡的人，看著太陽，伸出雙手，說「yes!」，也只是表達這些理解。

04 我什麼都不知道

I know nothing!

醒覺，是從知（known）到未知（unknown），甚至墜入不可知（unknowable）。因為任何知識，不管再怎麼稀奇、美、深刻、獨特，也只是一個經由我們客體意識所創造出來的客體，只代表了整體的我、整體生命的一小部份。我們愈投入、愈寧靜，寧靜就是當下，自然會發現——知道再多，不知道的東西更多，遠遠更多。我們不可能用一個局限的腦（再怎麼發達、再怎麼偉大），可以去了解無限大的生命、無限大的宇宙。它本身就帶來一個不可能解答的矛盾。

完全醒覺過來，連這個未知都不會再去追求。完全包容這一切，甚至可以不可知。不要小看這一個觀念的轉變，要徹底做到，需要比從蚯蚓進化到人類更大更大的一步。

這是因為一般人還落在「我」的境界，而這個「我」自然會去抓資訊、抓知識，甚至抓經驗。這些知識、經驗本身就是餵養「我」的養料。有些知識，「我」會接受。有些知識，「我」不接受，甚至反對。這些反應不只一直讓「我」存在，還可以強化「我」。我們人有時反彈和抵抗愈大，把對方推向敵方，才讓「我」更能夠生存。也就是說，反彈愈大，「我」的觀念愈強化。

假如，突然讓一個人進入未知，甚至不可知的狀態，「我」是不可能接受的。它受到威脅，眼看著自己就要消失了，不可能把「知」放下的。叫「我」到未知，比死更可怕，更不用講「不可知」。這就好像叫「我」從山頂上往下跳，是再恐怖不過的。「我」一定會反對到底。把我們一生、人類上萬年文明帶來的制約丟掉，讓「我」重生。這種想法，比什麼觀念都令人恐懼。

我們每一個人都有過莫名其妙受委屈、被冤枉、甚或被誣陷的經驗，有些情況根本匪夷所思。我現在所談的「進入不可知」也就是——在這個時候，可以找到生命的空檔。站在這個空檔，容納一切。把「我」放下來，完全信賴宇宙的安排。不用再去追加、不再去辯解。這才是「不可知」為我們帶來的真正挑戰。也是我們要醒覺、要跳出人間的第一步。

「未知」和「不可知」還帶著另一個層面的理解。我們仔細觀察，從早到晚，我們面對每一個人、每一件事、每一個東西、每一個狀況，我們會再加一層說明、解釋、評價、結論。比如說，我們在路上碰到一個人，接下來，念頭就不斷地開始飄——這個人上回在哪裡見過，他今天穿什麼衣服，他看來氣色不錯，他可能還會記得我們上次見面說了什麼？……就連一個很單純的東西，比如看到一棵樹，我們都會立即加上高、低、大、小、茂密、瘦弱、哪一種樹……的描述，不放過任何一個貼標籤的機會。這是我們每個人從早上一張開眼，到睡覺前最後一個念頭，都離不開的不斷地歸納和分別。

進一步觀察，這些種種的概念，仍然是一個局限的腦所產生的，對我們全部的生命根本不成比例。我們認為重要的觀念，其實還是一個表面的表達，是從「我」的角度來標示的。跟這個東西、這個人的生命本身一點都不相關。我們也不可能用這些標示，達到真正全面的了解。

這麼說，沒有任何一個我們可以知、或不可能知道的東西，有絕對的重要性。所以，不要再加另外一個念頭或概念。也就是充分領悟到——生命的整體，不可能任由這些局限的變化或觀念來代表。完全跟「未知」和「不可知」接軌，也就是完全不在意有什麼好值得知的。也就是自然進入瞬間，活在當下。生命也就突然變得友善而單純了。

嚴格講，我們就是失掉任何所知的一切，可能又有什麼後果？用最壞的情況來說，我自己的名字、我這一生帶來的身分、或是別人對我累積的種

難的是，脫離這個「我」，把念頭消失掉，從「有」到「沒有」、到「空」。就好像從山頂上跳下來，讓「我」沒有任何安全感，擔心自己不存在。

種看法，都失掉了，可能有什麼後果？難道我的生命就不再存在了嗎？我們仔細觀察，我的名字、身分、期待、一生的故事，還只是一個大妄想、一個大念頭。所以，我怕失掉的，都還只是一些念相，也就是由念頭組裝成的虛擬世界。

奇妙的是，這個「我」毀滅掉之後，生命竟然還存在。不光存在，整個生命甚至透過我活起來，重新組合，變成一個不可思議的天堂。於是，天堂就落到了人間。

用前面從山頂上往下跳的比喻進一步來說，跳下「不可知」的深淵，反而接住我的，就是上帝的手。讓我從這個人間跳出來，進入一個不可思議的天地。讓我重新啟動一切的人生。

其實，每一個人早晚都會跳這一步。早一點，晚一點，也只是根據一個人的成熟度，我們也可以用古人所說的「福德」來表達。

最後要跳的這個勇氣，是完全透過恩典才得到的。

透過恩典，配合成熟度，我們自然就充滿了信心。我們也可以把這信心，稱為信仰，而這才是真正的信仰。也就是說，信仰成熟的話，也只是讓我全部接受、全部容納這個生命。

我，就這麼輕輕鬆鬆，便化為一個不可思議大的生命場。任何身邊的人、身邊的生命，都能感受到我這個場。

進到不可知，包容不可知。我的每一個瞬間，都變成生命的最大祕訣。

也只有完全接受不可知，生命才來活我們。我，跟生命就分不開了。

透過恩典，一個人從人間跳出來。這一步，就像從山頂往下跳一樣，從「知」到「未知」，甚至進入「不可知」，也是人最大的考驗。雖然跳的驚險萬分，想不到的是，跳出這個人間，就是進入一個最大的奧祕——上帝在那裡等著我。其實，也從來沒有離開過我。

05 什麼都不知道，我每一步都是最後一步

什麼都不知道，我每一步都是最後一步。
什麼都不知道，生命跟我也不再分離了。

什麼都不知道，我的心突然寧靜了。沒有雜亂或煩惱好談的。因為我跟一體意識或宇宙再也不分家了。其實，宇宙是透過我體會一切。我也只是這個宇宙延伸出來的一部份。透過這個肉體，這個表面局限的肉體，輕輕鬆鬆體會到永恆和無限大的我。這個我，已經不是主體或客體好描述的，沒有經驗好談下去的。我，輕輕鬆鬆存在。我，就是純的意識。一切知道，一切也不知道。一切與我無關，一切也與我相關。

什麼都不知道，我就可以輕輕鬆鬆地看著人間，並體會到一切人間的變化。包括痛苦，都是萬年來的制約，所帶來的一個因所結下的一個果，而這個果再成為下一個因，結下下一個果。我們每一個人在這人間，都被自己

的因果、家庭的因果、民族社會的因果、地球的因果……綁住，從來沒有看穿過。

講到因果，自然會想到輪迴的問題。很多朋友常常問我生命輪迴的大問題。每一次碰到這個問題，我也只能這麼回答——

不要說因果，我們連一個念頭都沒有斷過。念頭就像一個水瀑，不斷往我們頭上沖，讓我們看不清周邊除了念頭以外還有什麼。也就是說，連念頭都在不斷地輪迴。我們的生活，

念頭就像瀑布，從來沒有停過，我們在這個瀑布下面，根本沒發現我們的世界就是這些念頭組合的。停下這念頭，就從人間跳出來了，自然就進入到「這裡！現在！」。

通常也就是透過不斷輪迴而來的下一個念頭。這念頭再帶來下一個念頭、下下個念頭。跟過去、跟未來從來沒有分手過。就這麼，帶來一連串的制約，還從制約帶來痛苦。

進一步說，連一個念頭的輪迴，我們都擋不住。就算真有前世今生來生的輪迴（這是個大題目，我這裡不細談），輪迴的辯論對我們的幫助，其實是很有限的。這一生來，我們連真正的我都找不回來。再多幾次輪迴，究竟會有什麼幫助？

解脫，是把種種的念頭，踩個煞車，讓我們能從念頭的軌道上跳出來。把任何條件所沒辦法設定的「全部的我」找回來。

解脫的第一步，就是從知道，轉到不知道。

什麼都不知道，我可以輕輕鬆鬆地決定不再理會它，不再參與這個遊戲。容納它，容納一切。讓它自己生，自己死。活在寧靜。

什麼都不知道，我每一步，都把它稱為是最後一步。不怕死。其實，不可能死。我還有什麼好怕。再怎麼痛，可以到極點的痛。我就清清楚楚地讓它痛吧。再怎麼悲傷，我也是清清楚楚地讓它悲傷到底吧。再怎麼好，我還是把這一步，當作最後一步。

臣服，迎接未知與不可知的大浪

對一般人，從一切都知道，到一切都不知道。甚至，到一切都不可能知道。就好像掉到「未知」的海中，好不容易找到一個可以靠著的岸邊，突然又見到了海嘯要來吞噬我。連下一個瞬間會不會存在，都不知道——下了這個決心，才可以把全部的生命找回來。

我選擇跳出這個人間，回到自己的心，再也沒有一句話可談。一切人生的規劃，過去的故事，未來的期待，也只到如此。

什麼都不知道，我就輕輕鬆鬆醒過來吧。

我在這裡，想分享之前在《聯合報》專欄的一篇文章，用另外一個角度，將「臣服」這個主題做一個整合。

首先，我想表達的是，多年來，我一直在不同的場合、不同的文章中，試著解釋「全部的你」的觀念。或許，你也看過這些文章，也認同這些作品的重要性。我們透過報紙和雜誌專欄，一有機會，就將這些觀念普及。我相信，你讀到了這些，也會跟身邊的人分享。

由於專欄篇幅有限，我在解釋概念時不得不予以濃縮。然而，我相信透過《全部的你》所帶來的基礎和比較系統化的解釋，你現在讀這篇文章，因為已經有了自己的體會和觀點，會覺得這篇文章更明白、更平易近人了。

假如我說對了，我當然很為你高興，希望你已經能更深一步，踏進全部的生命。

全面臣服：活出你的生命

2015.10.18刊登於《聯合報》專欄

我在《靜坐》這本書描述的「實相」，很可能和多數人的理解恰恰相反。我所談的「實相」，是我們存在的「全部」，是本來圓滿，本來完美，根本不需要我們努力去「修」去「得」。換句話說，我們早就在那裡。我們本來快樂，本來慈悲，本來就與萬物有情的全部合一，同屬那無分無別的意識。無分無別的一體意識無處不在，潤澤一切有情，所以，我們早已安居家中，不需要做什麼去「得」，只要記得。

這也意味著，我們眼中的形形相相，以及我們想出來的形形色色的想法，其實沒有那麼真實。實相浩瀚，遠遠超過有形有相的一切，那才是我們生命的全貌。我們是浩瀚的。我們是全部的生命。我們就是。我們既是有形有相，也是無形無相。超越形相，或許就是我們來此要學的最大一門功課。醒來，看見我們本來圓滿、無形無相的本質，或許就是我們來人間走這一遭的真正目的。

這是完全不同的實相觀，如果你接受了，它會指出一個我們目前還看不清、理不明的人生方向。這個實相觀，是我們一聽到，就想要親身體驗，甚或親身活出來的。

你會問——怎麼活出本來無形無相的圓滿？

最簡單的方法，就是臣服。臣服意味著接受我們身為人的處境，所有處境本來的樣子，任其綻放，任它開展。臣服是接受一切，接受所有好事，也接受所有壞事。臣服是接受重重的念頭和想法，接受我們時時刻刻所經驗的一切。好的經驗，我們接受。壞的經驗來了，我們還是接受。可能，這一生最痛心的經驗來了，這種時刻肯定不少，我們還是接受。你要抗議了，怎麼能接受那些受不了的事？怎麼能接受那些不公平？怎麼能接受那麼痛心的事？那麼，就臣服於「你無法臣服」的事實吧，臣服於我們的不甘心臣服，還是臣服。

如果我們能做到這一點，那麼，生命會脫胎換骨。我們全心全意接受眼前的一切，頭腦馬上會安靜下來，所有不可承受的，突然之間可以承受了，所有的人間慘劇，知道怎麼應付了。臣服，帶來恩典。臣服，帶來平安。臣服，不再和眼前的一切作對。

活著，不再和眼前的一切作對，不再和生命中生生滅滅的一切有形有相作對，不再和所有的好好壞壞作對，這一來，我們的心會突然打開，對無形無相的一切打開，我們發現了一個世界，比原本束縛我們的有限形相更廣闊，更浩瀚的境地。我們安住於臣服，超越了有形有相的世界。

如此一來，臣服就成了我們活出更大維度的真實生命的關鍵。在臣服中，我們活出真正的自己。我們一整天，在完全的接受和臣服中所做的一切，會帶我們回家，回到內心真正的家。唯有充分體認到自己不光是這一具身體的形相，更不是眼前生生滅滅的一切，我們才可能活出臣服，才可能一言一行都在臣服之中。我們其實是全部的生命，只不過暫時化現在這一具血肉之軀。活出這一體悟，也就是所謂的超越，安住於奇點的體悟，帶我們越過人生的局限。

正因如此，臣服是所有靈性法門和人生哲學的精髓，是活出永恆本性的關鍵，在現今世間的不安和動盪中，是我們極需的。

在完全的臣服中，請讓我的心擁抱你，願你活出喜悅平安的臣服生命。

06

到處都是恩典

恩典，是得不到的，反而是宇宙來恩典我們。

既然醒覺是得不到的，因為它本來就是我們的生命。那麼，又怎麼可以醒覺？這表面上又帶來一個矛盾——既然沒辦法追、沒辦法拿、沒辦法得，那要靠什麼來醒覺？

醒覺，是透過恩典。

透過恩典，醒覺自然會湧現。也可以說，就好像一個種子透過水分的滋養，它自然就萌芽了。但是，它萌芽的潛質是本來就存在的，不能由誰帶給它，也拿不走，它本來就有。同樣的，一個雞蛋要破殼，也是透過種種的條件，時間到了，新的生命就破殼而出了。

這些種種的條件，我們可以稱它為恩典。

這麼說，恩典其實跟我們不相關，至少跟我的小我不相關。它不可能用任何條件去描述的。時候到了，也就是如此。要醒覺，就醒覺過來了。醒過來的時候，回頭看，會發現不可解釋的是，我們人類經過了萬年的文明、萬年的約束才累積下來的痛苦的遺傳，透過一個瞬間，竟然就可以脫離。也就是醒過來，不需要時間。這是人生最大的悖論，也是最大的奇蹟。

這個悖論、這個奇蹟，我們沒辦法解釋，也不靠功夫或追求好談。所以，也只能用神祕的「恩典」，來表達宇宙讓我們盡快醒覺的加持力量。

我多年來，在很多場合提到——地球正以相當快的速度在改變頻率。透過這個頻率的改變，人類提升、演化的速度加快。從另一個角度講，也同時加強了二元對立。有好，有壞。在這種加速對立的狀況下，從來沒有過另外一個時代，能像現在的地球一樣，給人類帶來那麼多機會，又同時帶來那麼多危機。也從來沒有一個時點，我們人有那麼大規模的整體提升機會，又同時可能承受那麼大範圍的毀滅。

這都是我們人類的恩典，讓我們試試看，怎麼樣把大的毀滅危機，轉成大規模同時醒覺的機會。

從另外一個角度來看，也就是說，我們這時候不醒覺的話，人類再繼續這種瘋狂，讓「我」的分別、比較、鬥爭不斷壯大，會帶來不可思議的負面後果。可以說，對地球的存亡，我們人類正是關鍵的樞紐。

我們只要看看身邊，雖然地球文明到了最蓬勃發展的階段，但人類正遭逢最不愉快、最憂鬱的年代。

其實，嚴格說，沒有危機，也就沒有機會。所以才說，連痛苦都是恩典。甚至可以說，痛苦到了極點，到了沒辦法忍受的地步，是最大的恩典。人，只要我們可以包容任何苦難，包容任何人間所帶來的危機，把一切看的——就是。就是如此。我們透過苦難，可以找到上帝，可以把真正的我找回來。讓我們在沒有出路的狀況下，而可以完全臣服。這，就是人生所帶來的最大的恩典。

我們不需要再計較，這一生所經過的悲哀和種種不順的事。因為人都在一個無意識的昏迷當中。也不用再計較人帶來的仇恨、殘酷、粗暴。我們常常認為身邊的家人、親人帶來了難以置信的傷害、情感的撕裂，從任何眼光來看都不可思議。但是，把這一切當作最大的恩典，也只是這樣子，不可能不是這樣子。我們任何抵抗的念頭，也就自然消失了。這種最極端的痛苦，會讓我們跳出時空，和瞬間完全接軌。

講得更明白一點，古人老早就說，活在天堂是不可能解脫的。一個人一定要透過種種的衝擊，才會想走出一條路。

也因為如此，我多年來，很希望跟受刑人接觸，用種種的方法，不管是透過感恩日的創作活動，或是透過靜坐教學的方法，都跟這個族群有所連結。同時，也跟癌症末期或重大疾病的病人，或是受了嚴重創傷的當事人接觸。因為我知道，大的痛苦，大的絕望，會帶來大的解脫。也透過《全部的你》的到臨，可以

我們被困在人間，就好像被封在一顆蛋裡頭。透過恩典，也就是宇宙的無色無形的力量，早晚我們的殼會裂開，讓我們重生出來。早晚，每一個人，每一個生命，都會打開來，回到一體意識。

讓這些朋友突然跳出人間的狀況，而得到寧靜。

我相信，你也只是如此。也是在人生打轉、流浪、受傷，才會透過這本書和我相遇。你的悲傷和心痛，反射了人類有史以來整體的苦難。然而，痛苦的路，也走得差不多了，也就該醒過來了。

所以，我希望每一位讀者要把握住人生的機會，不要再從自己的故事——不管多痛苦、多悲哀——來著手。因為，從人生故事的內容來著手，是永遠解不開的。人間的變化本身，就是無常，也都是腦的境界所創出來的。要跳出來人間，一定要從另外一個意識層面來著手。反過來，要從任何有形的境界得到解脫，都要從無形的空來著手。這不光是一個哲學最基本的道理，也是物理最基本的定律。

07

生命來活你

把生命全部交出來，一個人就自然活在當下。

活在當下，活在「這裡！現在！」，一個人的念頭、生命價值、言行舉止就完全改觀。會發現，生命也只有當下。寧靜，也就是當下。連愛，真正的愛，也只能是當下。更不用講，喜樂和圓滿也都只是當下。

進一步會發現，在每一個瞬間，我「在」，倒不用考慮或投射到其他的瞬間。過去，就過去了。未來，還沒有來。未來，就是要來，也要透過這個瞬間才得以呈現。一切呈現出來的東西，最多只停留在那個瞬間。瞬間過了，樣樣也過去了。這麼說，全部的生命，離不開瞬間。這個理解，也是古往今來大聖人最大的一個領悟。怎麼講，也只是這樣子。

然而，任何語言的表達，也最多是一個路標，沒辦法把「那個領悟」描述清楚。把自己全部放下，天和地就自然合一，而且跟我分不開。這樣理解，會發現，一切都是顛倒的。

雖然前頭提過很多次，我一定要再次強調，其實是空來空我們，生命來活我。因為，什麼叫作主體（生命）、客體（經驗），已經沒有什麼好區分了。我們突然會體會到人間是一個遊戲場、一個舞台。讓我們透過這齣戲，讓那未曾創造、未曾顯現的意識，透過我們化身、體驗和欣賞。

突然，人生不再那麼嚴肅了。因為任何嚴肅的東西，也只是一點經驗。不管多嚴重，都只是在我們全部的生命中太小太小的一部份。不光是不成比例，根本沒有任何重要性，沒有任何存在的必要。我們也最多輕輕鬆鬆讓它過去吧。接受它吧。臣服吧。

宇宙真的不在意，對任何東西都不在意，甚至對我們的生死都不在意。因為我們生死和個人的故事，也只是在無限可能性中的一個可能性。我們來了，走了，也就過去了，也就是如此。對宇宙來說，連一個學習的觀念都沒有。不光我們沒有什麼好學的，宇宙也沒有什麼好學的，更沒有什麼好教的。一切根本無關，一切跟一切無關。

因為我們本來就已經是完美、完整、全部。一點一滴加不上去，減不下來。再怎麼加，也只是如此。再怎麼減，也只是如此。追求也追求不來，學也學不到。因為我們就是祂！我們就是宇宙。宇宙就是我們。我們就是生命。生命就是我們。這個宇宙可以演變出來的萬物百態，也都只是我。

其實我，就是。

人生的殼打開之後，我們自然進入全部的生命，也就是——醒覺過來。每一個人，早晚都會醒過來。急也急不來，慢也慢不了。醒過來，也只是如此。

08 真正的愛，就是愛自己

真正的愛，是在萬物百態中看到上帝。愛是隨時看到上帝，在每一個角落，甚至在每一個形式的展現中。

大多數人，都認為自己才懂得愛，還因為身邊親愛的人沒有同樣的體會而心灰意冷。更不用講，分手只會帶來更多傷痛。父母通常會強調無條件的愛，但我們仔細看，人間其實沒有無條件的愛。任何愛，都有條件，都含著一個期待。只是有些期待相當微細，不容易發現。所以，任何愛的關係，都是無常的。從愛，很容易轉變為仇恨。我相信這是每個人早晚都會經歷到的。常常講別人不懂什麼是愛的人，自己反而要注意、要反省。

反過來，只有愛自己，才是永恆的愛。但是，這個「自己」不是人間所想的「我」。這個「自己」是包括真正的我，真正的自己。也就是包括全部制約組合的無常的我，再包括永恆無形無相的大我，才是真正的我。所以，真正的愛，就是愛我的一切。也就是上帝。也就是宇宙。也就是生命。

進一步說，透過每一個形式，我們都可以把真正的自己、真我和愛找回來。因為你也只能在每一個有形的東西中看見自己，所以也只能找回自己、找回愛。用這種解釋，我們也可以同時說——全部的你，不光是愛，也是寧靜，也是喜樂，也是永恆。

釋迦牟尼佛在兩千五百多年前，在《法華經》提出——每一個人都會成佛。當時，這種說法造成大弟子的質疑，五千人當場離席。又在《大般涅槃經》提到「法身即是常樂我淨。永離一切生老病死。」說每一個人本來就有喜樂、永恆，跟他過去所教的無常、無我完全不同。假如，你聽到這些佛陀所說的話，卻一點都不驚訝，反而覺得就是這樣子，就該這麼簡單。那麼，我恭喜你，你已經走上了一條沒有回頭路的路。

這些狀態，不是透過任何對立比較出來的。它們是我們最原始、最基本的性質，是每一個人、每一個東西都有的。找回自己，也就是找回這些最基本的性質。所以，一個人活在全部的你，他不光是頭腦簡單、開朗，他也是活在滿滿的愛、光明、喜樂和寧靜。他本身，就是一個最完整、最大的能量場。

他本身，就是愛。

活在愛，也就是活在喜樂場

瞬間，也就是活在「這裡！現在！」，所帶來的喜樂、歡喜甚至狂喜（ecstasy），是我們一般人可能想不到的。想不到可以那麼大、那麼完整、那麼透徹，會讓我們每一個細胞，都活在這個喜樂場。

這個喜樂場，本身其實就是生命場，也就是我們的佛陀場、基督場、道場、螺旋場。它是我們最根本的狀態。它本身就是愛。可惜的是，一般人也許一生，乃至於多生，都無緣體驗。從古至今，聖人所描述的這些喜樂境界，我們多半都只當作一個比喻、一種表達，倒不認為真有其事。

進入到瞬間，「這裡！現在！」，自然讓我們每一個細胞、每一個部位、每一個角落，達到跟生命最完整的共振。就好像我們本身是一個波浪，而生命是個大波浪。達到共振，也就是波浪跟波浪完全重疊了。就像透過雷射光的原理，創出一個無限大的能量，進入了生命的大光明、大波浪、大喜樂，也就是大愛、大圓滿、大永恆。也就是宇宙來大灌頂我們。

這種愛，是無思無想的愛，遠遠超過人間所謂的愛。這個愛也是耶穌在〈哥林多前書〉[5]說「如今常存的有信、有望、有愛這三樣，其中最大的是愛。」所表達的愛，也是佛陀所教的大圓滿。

透過這個瞬間，「這裡！現在！」，透過臣服一切，我們也只是把這個瞬間當成一個管道，跟生命最大的場結合。

想不到的是，這個生命的大波浪，帶著每一個人間所建立的小波浪，可以跟我們這個「體」的每一個層面都達到共振。從外到內，再從最深的內，到最外的外，都達到多面一致。讓我們充分體會到人生最甜的愛。最有趣的是，這個愛，它既是抽象，又是具體的感受。既是在心的層面，又是在身體的感受同時存在。

---

[5]《聖經》〈哥林多前書〉第十三章，我個人相當鍾愛，在此與讀者分享：「我若能說萬人的方言，並天使的話語，卻沒有愛，我就成了鳴的鑼、響的鈸一般。我若有先知講道之能，也明白各樣的奧祕、各樣的知識，而且有全備的信叫我能夠移山，卻沒有愛，我就算不得什麼。我若將所有的賙濟窮人，又捨己身叫人焚燒，卻沒有愛，仍然於我無益。愛是恆久忍耐，又有恩慈，愛是不嫉妒，愛是不自誇，不張狂，不做害羞的事，不求自己的益處，不輕易發怒，不計算人的惡，不喜歡不義，只喜歡真理；凡事包容，凡事相信，凡事盼望，凡事忍耐。愛是永不止息。先知講道之能終必歸於無有，說方言之能終必停止，知識也終必歸於無有。我們現在所知道的有限，先知所講的也有限；等那完全的來到，這有限的必歸於無有了。我做孩子的時候，話語像孩子，心思像孩子，意念像孩子；既成了人，就把孩子的事丟棄了。我們如今彷彿對著鏡子觀看，模糊不清，到那時就要面對面了。我如今所知道的有限，到那時就全知道，如同主知道我一樣。如今常存的有信、有望、有愛這三樣，其中最大的是愛。」

比如說，一個人在這種狀態，就連唾液都變成甜的，在口腔後方像甘露一樣一滴滴的帶來滋潤。這種甜，不光是唾液，還會進入身體每一個細胞，所共振出的波浪，跟呼吸、氣脈的流動達成合一。於是，我們自然體會到，什麼是——呼吸來呼吸我，生命來活我，自然讓「我」的觀念消失。這種甜，是用任何語言所無法形容的，比快樂更快樂，比舒服更舒服，比舒暢更舒暢，比歡喜更歡喜。這是我們一般人再怎麼想，都想像不到的。

這些話，都不只是比喻，而是真正有一個東西叫作大喜樂、大歡喜。只有透過生命所帶來的喜樂，我們才可以把身心內的每一個障礙或結，震動開來。也只有透過它，我們才可以把身體每一個脈輪打通。每一個脈輪打開的過程，會讓喜樂再更加倍，甚至會大到佔領我們所有的意識。意識，就成為喜樂。喜樂，就是意識。

我們人有七個主要的脈輪，分別是頂輪、眉間輪、喉輪、心輪、胃輪、臍輪、海底輪，我在《靜坐》也作過說明[6]。每一個脈輪打開的過程，都帶來不同的喜樂。比如說，心輪開啟所引發的喜樂，又和其他脈輪打通的現象不一樣。只有寥寥幾個人，曾經有過這樣的體驗。

我就講到這裡為止。我講這些，倒不是帶你回到人間或物質層面來打轉。而是希望能給你一點信心，讓你充分體會人體或生命有多麼奇妙。我們對它的理解，也不過是小小一部份。

生命遠遠更大的一部份——一切的潛能、一切的奇蹟、一切的奧祕——都還在等著你。

6《靜坐》第三十章〈妙樂、脈輪、和領悟無條件的喜樂〉。

09

業力，也只是制約

任何制約，都有自動運作的力量。它本身就是業力。

制約，也就是完全投入有色有形的世界，把這個局限的意識當作真實。透過這個局限的意識，我們自然會採用線性的邏輯——每一件事、每一個東西都有起因（causality）。我們把樣樣看到的都稱為是「果」，這個「果」之前永遠有一個「因」可以解釋。然而，這個果又延伸到其他的果。於是，前面的果，就變成後面的果的因。這個因果的連串，可以解釋這個世界，這是我們大家認為理所當然的。

有趣的是，只要有形相的東西——不光是人、動物、東西這些實體，也包括任何念頭——本身要組合起來，就要透過這個線性的邏輯。這個邏輯本身就是一種歸納、分別、比較、對立的意識。所以，我們所體會到的種種，站在這個意識來看，都是相對的，不可能有任何東西、真理是絕對的。

假如有的話，本身就是矛盾——我們透過這個局限意識所看到的東西，會突然消失掉。

制約，不光是我們這一生所帶來的。當然，每一個人從小到大，都受到家庭、環境、自己的影響。透過這些種種影響，我們才建立了「我」、「我的人生」。但是，除了我個人的制約，「我」也映射了人類的集體意識。這集體意識還不光是這一生所看到的，其實是累積綜合了人類無始以來的制約，包括家庭、社會、民族，甚至地球的制約。它也包括我們每一個「體」所帶來的制約，像是肉體的生理反應、情緒體的萎縮或糾結（這個萎縮造成一個能量的傷疤，最難解開，也累積最多業力），更不用講我們思考體所帶來的種種念相。

除了這些，我們還映射人類的種種原型（archetype），組合出人類共同的「體」。也就是說，我們所認為的所有突破、任何理念，包括最美的理想，都還是從人間的制約所產生出來的。它本身還是沒有離開形相。透過這些種種的念相，我們永遠看不清業力。我們本身就是業力組合的。

三百多年前，哲學家笛卡兒（René Descartes, 1596-1650）提出「我思，故我在」，來代表當時西方最高的哲學理念。這句話，是來表達——一切的我，也就是念頭組合的。他跟當時的思想界，因為沒有接觸到東方更深一層的思想，並沒有領悟到這整體的生命，而以為一切都是念相。他沒有想到，這個念相本身還不代表一切。嚴格講，念相只是代表人生的一小層面，還有遠遠更大的一個背景（因地）在生命更深的層面，倒不是透過任何念頭可以想像的。

懂了這些，就自然看到業力所帶來的力量。自然會讓我們觀察到「因」，也同時觀察到「果」。清清楚楚看到這些關係，也就自然走上解脫的路。一個人隨時看到因果，才稱得上「成熟」。接下來，也透過宇宙種種的力量——我們稱之為恩典，他才會突然醒過來。

醒過來後，業力還存在喔。很多哲學家自然會以為，醒過來後，業力就消失了。這種想法，本身就是錯的觀念。業力，不管你醒不醒來，一直在滾動流轉。醒過來，還是會跟人間作個交會，只是清清楚楚知道業力的運作。我們也輕輕鬆鬆地讓這個因果、讓任何形式存在。不管它多麼好，多麼不好，我們都把它當作跟我們不相關，同時接納，也同時跟它玩遊戲。也就是說，我也可以改變過去以來業力所展現出來的種種狀況，我也可以選擇不動。這個選擇，已經跟我生命所展現的狀況不相關了。奇蹟的是，我只要清清楚楚看到這個業力，甚至只要輕輕鬆鬆看到這個瞬間，雖然我不作為，人生的劇本已經轉變了。甚至，會完全不同。

但是，再怎麼不同，或許轉好、轉壞，我都不去管它，我完全接受。

10 死亡與失落——帶來意識轉變的機會

死亡，是生命重新的開始，是宇宙帶來的最大祝福。任何死亡或失落，都是神聖的。

我們一般人面對死亡，都難免有恐懼和失落的感受。尤其親人去世，對我們的打擊是最大的。更不用講有些人失去了自己的孩子，這種傷痛，是未曾經歷的人所無法體會的。

進一步觀察，死亡不光是一個生命的消失。我們也可以拿死亡來描述親密關係的逝去。有時候，相處了幾十年的關係，倘若最後分手、離異，會比失去一個親人還痛，甚至會怨怪命運不公。我認識很多朋友，因為這種失落而完全無法適應。不是責備自己，認定自己一定在某個方面很失敗，並為此懊惱；要不就是責備對方，把分手的責任交給對方。也還有朋友，這也是大多數人的情況，會不斷回顧過去，把失去的人一再帶回腦海裡，重溫相處的點點滴滴。不管怎樣，這個失落經驗都會制約自己，造成一種萎縮狀態，造成一種傷疤。只要想起，就充滿情緒的感觸，渾身都不舒服。這是我們每一個人早晚都會經歷的。

我這裡特別要強調——我們每一個人都會經歷的。因為任何形相都是無常的，是透過其他的條件（因果）組合而成的。所以，會生，也會死。會來，也會走。不可能不死。不可能不走。包括有限的生命，包括人間所建立的任何關係，也包括任何房屋、任何結構，都有倒塌的一天。死亡，也包括任何形相的結束——我們可以稱之為小的死亡。任何形相的結束，都是一個小死亡。任何形相的死亡，都在我們心裡留下一個空洞，一種損失。嚴格講，我們每一個瞬間都要面對死亡。連一個念頭來，都會走。會生，也會死。

這麼說，形相的死亡，也是意識轉變最好的門戶。甚至，愈突然、愈大的刺激，轉變的機會愈大。因為它本身就帶來痛苦，而這個痛苦是極端的，它會讓我們腦海裡的念頭流轉突然踩個煞車，用一種不合理的方式，讓我們的意識「挪開」來，面對不可能面對的變化。

透過死亡，或任何重大的失落，我們通常比較容易體會到人生的空檔。也就是說，在這個悲劇的背後，生命還有更深的層面。這個層面同時帶來安慰，也帶來平靜。很多人都有過這種經驗——眼淚流個不完，淚水之下，內心卻是相當平靜。這種無思無想的狀態，很難用言語來形容。體會過，才懂。

這個平靜，也就是這個瞬間——「這裡！現在！」，讓我們有個清楚的知覺，而沒有加上第二個念頭，就連悲傷的念頭都沒有。

我們也就可以理解，為什麼一般人會想要很刺激、很冒險的極端經驗。比如說鬼屋、高空彈跳、雲霄飛車，可以讓人達到同樣的無思狀態，從人間跳出來。也就是達到念頭死亡的境界。當然，也有人會想用酒精和藥物來達到同樣的無思。想透過這些經驗，落在生命更深的層面，也就是無思無想的境界。

可惜的是，這些方法，或是任何追求，都靠不住。它最多只能在那個片刻帶來一個無腦的體驗。過去了，念頭和煩惱又回來了。

進一步探討死亡的問題，我們所講的死亡，包括失落，還只是強調形相的損失。然而，站在全部生命的角度來看，不可能死亡的。我們最源頭的一體意識從來沒有生，怎麼會死。這個一體的意識，也就是我們每一個人是永遠的存在，從來沒有受到任何形式的限制。而且，這包括我們一生所面對的任何狀況。

我們一般所講的死亡，談的是我們所見的局限客體，也就是「我」、「你」以及我們在人間所看到的種種身分和關係。我們通常談死，多半還是繞著這個肉體的生命轉。幾乎沒有人想過，談生命的死亡，這本身就是矛盾。因為真正的生命，也就是全部的我，是永恆的。

也就是說，死亡，並不是生命的對立面。死亡，只是「生」的對立面。生命，是永恆，不生不死。它本身包括無色無相的層面。只有在外在世界，我們才會看到死亡。

修行，離不開「死亡」。我講的是，念頭的死亡。我們每一秒都有念頭，從來沒有停過。它才是這個形式的世界所帶來的最大考驗。

我們還不用談大的形相的死亡，比如親人離世、或關係、感情的重大失落，來描述形式世界的危機。其實，在生活當中，任何其他小的形相的結束，就連一個念頭的死亡，都會帶給我們刺激，留下情緒種種的不安。我們也可以說，念頭不斷地起伏，不斷地生死，是任何死亡觀念的根源。沒有念頭起伏，根本沒有死亡的觀念。一切是平靜、平安的。也沒有什麼好、壞好談的。讓念頭消逝，自然消逝，而不是壓抑——也就是進入全部生命的通道。

真正的修行，也只是清清楚楚地選擇了放掉任何念頭。也就讓念頭死亡吧。

這麼說，修行跟死亡只差這一點：死亡，或重大的失落是不由自主的被迫向更大的生命開啟，來面對這最大的奧祕；而修行是主動的「死亡」，也只是自願的「死亡」，消失掉任何「我」所帶來的身分。也就是說，死在每一個瞬間。也是從下一個瞬間重生出來。懂得死，一個人，才可以真正活起來。全部的生命才可以找回來。

懂得死，隨時死，甚至歡迎死的到來，就自然會把生命的門戶打開。讓我們進入到「死不了」的生命層面。用這個角度來看生命，會發現，如果我連死都不怕，這世界還有什麼東西可怕，還有什麼事和念頭是放不過的。

進一步講，肉體的死亡，只是一個轉化的經過，只是從「有」轉回到「沒有」。透過肉體形相的銷融和化解，我們才可以讓無色無形的光明透出來。懂了這些，在死的過程中，其實也不需要恐懼。在最後一個瞬間，也只好把自己全部交出來，容納生命所帶來的任何變化。這樣子，就可以得到一生沒有體會過的平安。這個平安，也就是無色無形所帶來的寧靜。

謝謝你！給了我一生最好的禮物

好多年前，我在美國聽說了一個故事。美國中西部一個小城的市長，早上在開會時突然被打斷，有人緊急衝進會議室，告訴他──他十歲的兒子，在離辦公室兩條街的地方，發生車禍。

市長馬上離開會議，衝到事故發生的十字路口，孩子已經死了。他大哭一場。

他抱起孩子，對著天空，大聲說：「上帝，謝謝你給了我這一生最好的禮物！為我帶來那麼多光亮和快樂。謝謝你！給我這十年，讓這孩子陪伴我，分享生命。雖然我很捨不得，但也只好交還給你吧！」

這些話，在小城裡傳開，感動了很多人，還傳到其他地方，我也是從朋友的口中輾轉聽到的。

我要表達的是，我們一般人都自認為對人生、對修行多少懂一點。然而，人不管領悟多少，理解多少，還是一樣會碰到最大的危機，乃至於災難

一個人死亡，只是生命的一個轉變，從有色有形，到無色無形。透過死亡，或任何形相的銷融，都可以讓無色無形的光明透出來，照明這個世界。這張圖片要表達的是，死亡的過程，無色無形的光明會散發出來，完全接受它，我們才可以得到平安。連最後的淚，也只是反映著生命的圓滿和寧靜。

的考驗。這位市長在人生最大的悲劇中，可以立即走出來，而進入到一個人生更深層面的整體。這是非常難得，值得讓我們大家學習。也就是說，他已經把天堂帶到地球。甚至，帶到心中。

11

我們的身體結構，就是為了呈現全部的你

我們不是人來體驗靈性，反而是靈性來體驗人生！

也許你過去也聽過這句話，它是用來強調我們每個人都有一個更高、更微細的意識層面，我們可以稱為靈性。也同時用來表達宇宙有一個更高層面的聰明，是我們人體沒辦法完全理解的。

這句話，可以讓我表達另一個不可思議的現象。也許大家過去沒想過，沒有機會去探討、去發現——我們進入第四意識的狀態，也就是全部的你，其實什麼都不需要做，只要輕輕鬆鬆存在，就體會到了。這麼說，我們人的腦和生理結構不光是可以配合這種意識的存在，還可以與這一意識相容，變為兩面一體。

接下來，我用另一個方法來解釋。我們人有一個理性的左腦，也有一個藝術、能量的右腦[7]。左右腦均衡與自律神經系統的平衡，都和我們的身

心健康有很密切的關係。過去在很多場合，我都強調過，現在的人不均衡，尤其是左右腦不均衡。偏重左腦，也就是過度的偏重理性、思考，是我們生出煩惱的第一步。左腦，假如失去功用，例如中風造成左腦大範圍損傷，人就會失掉語言、邏輯、時間和空間定位和思考連結的功能[8]。接下來，他看著這個世界，看到的會全是能量的互動。一切變成一個能量譜，沒有生成壓力，沒有顧慮，而減少了「我」的觀念。

從自律神經系統來看，過去我和其他科學家也強調過[9]——只要我們懂得活躍副交感神經系統，就會得到放鬆，全面的放鬆，而讓身心各部位都感到暢通。

這麼說，我們的大中小腦老早就佈好了完整的神經線路，讓我們來體會到——全部生命的另一個層面，遠遠超過我們左腦和交感神經又局限、又

---

[7] 我在《靜坐》第二十三章〈情緒腦對身心平衡的影響〉詳細解釋過左右腦的分別。

[8] 一位研究腦神經的科學家吉兒・泰勒 (Jill Bolte Taylor)，在左腦中風後，描述了自己的經歷，寫下了 *My Stroke of Insight-A Brain Scientist's Personal Journey* 一書。本書中文版《奇蹟》已於２００９年由天下文化出版。我曾寫過〈脫胎換骨一念之間〉談作者的經歷與部份修行者所經歷的心靈狀態相同，在發病至康復的過程中，泰勒博士印證了各文化所描繪的「意識超越」或其他相關體驗。從左腦的境界轉到右腦，甚至更深沉、更完整的境界。透過心與腦的轉變，泰勒博士領悟了全新的生命價值，同時也理解了何謂「慈悲」、「放下」與「希望」。這篇文章，刊登在《今周刊》第６４７期的專欄。

[9] Young, J. D.-E and E. Taylor 1998. Meditation as a voluntary hypometabolic state of biological estivation. *News in Physiological Sciences* 13(3): 149-153.

緊張、又被時空綁住的境界。我們最基本的神經系統，在最放鬆的情況下，本身就安歇在一個愛、快樂、平靜的狀態。它本身就可以體會到瞬間，甚至可以讓我們體驗到超越。這，其實是我們人類的基本配備。

講更明白一點，我們腦部的配線，老早就準備好在那裡。讓我們體驗上帝，體驗我們真正的本性，全部的本性。再說透一點，我們人類幾千、幾萬年來，老早就已經活出全部的你，只是因為上千年的文明發展，把它給蓋住了。

從這個角度來說，《舊約》所說的「神就照著自己的形像造人」[10]，一點都不為過。同時，《壇經》也提到，六祖初見五祖時說了「弟子自心，常生智慧，不離自性，即是福田。」[11]也就是般若智慧隨時從內心浮現出來。這也是來表達——人的結構，本來就是為了我們達到人生最高的目的。這個目的，就是活出全部的你，活出全部的生命。

我這裡借用《靜坐》的左右腦圖，來表達兩個腦的功能。左腦，是理性、邏輯、分別、概念，離不開時空、語言和念頭的對立和整合。右腦，是

10〈創世紀〉1:27。
11《六祖大師法寶壇經》〈自序品第一〉。

超越，就在我們之內

有趣的是，我們人腦的結構設計，本來就是可以允許我們超越、解脫的。我們跳出這個人間，所需要的一切工具，都已經內建在我們的腦結構裡。不管是左邊的邏輯腦，還是右邊的能量腦，兩邊都要配合，才能讓我們進入全部的生命。

能量腦，對時空的細節比較不專注，而對整體同時存在的觀念比較能掌控。這兩個腦，造出的邏輯完全不一樣。人要放鬆，兩邊一定要達到均衡。再進一步，要超越，就是要同時從這兩個腦走出來。前面的圖，我們用一個螺旋場來表達「超越」或是「醒覺」的觀念。這個螺旋場，是我們每一個人隨時都可以採用的。透過這個螺旋場，一個人才可以進入「這裡！現在！」的瞬間。

第五卷　一切也只能是這樣

完美，或是不完美。是我們念頭所造出的對立。站在全部的生命，沒有「美」好談的，本來一切就已經是完美。透過人生，我們不可能完成自己。透過任何伴侶，或是任何喜事，也絕對不可能完成自己。甚至透過未來的任何追求，也是不可能。任何完成，還是在人間最外層的表相，它本身就離不開形式。本身就是靠不住，不可能永久的，早晚也會消失的。反而，一個念頭的轉變，透過無形無色，回到全部的生命，一切就已經充分的完整了。而我們也老早圓滿了。在生命上，一點一滴都加不上去，再也沒有事了。

01 一切本來都圓滿

一切也只能是圓滿。

這一句話，就把全部的生命講完了。它包含幾個層面的意思：古人「三聖」赫密斯曾經說過"As above, so below."（如其在上，如其在下）。[12] 這句話是來表達，我們從每一個角落，再小的角落，都可以看到整體。這個整體從來沒有跟我們分離過，也不可分。就連神，就連上帝，跟我們也是不可分的。也就是說，真實是完整而不可分割的。只是我們透過念頭將它局限、切割了。整體，不光是包括整個宇宙，還包括無形無相的生命，無形無相的一切。

再往下推，"As within, so without."（如其在內，如其在外）。我們內外其實是相對相成。我們在內心所建立的，會在外頭表達出來。假如我們內心是圓滿的，外在世界也只是圓滿的。

反過來，從每一個角落，我們都可以影響到整體，而這個整體也可以影響到每一個部位。我們就是整體。同時，我們也是每個部位，分不開的。假如可以分開，我們還落在一個局限、分別的意識在表達。所以，表達這個道理，本身就是一個矛盾。最多只能當作一個路標。

懂了這些，自然會接受，自然把自己的身分從一個「我」、甚或由念頭所組合的人間，挪到生命的全部。輕輕鬆鬆透過這個瞬間，也只有這個瞬間，我們跟一切就不再隔離了。沒有隔離，我自然就可以接受生命帶來的種種變化。接受生命的種種變化，也就自然帶來寧靜，讓「我」的思考之流自然停止。站在寧靜，我們每一個動作、每一個行為、每一個表現，也都是自然而愉悅的從心流出來。我也不需要繼續管控人間所帶來的變化，更不需要去作任何調整。

這麼說，我連「存在」跟「作為」都不區隔了。我可以做，也可以不做。在「做」的當中，我可以找到「存在」。對「做」的結果，我也不再重視了。只要把注意力集中在每一個瞬間。就是透過「做」，我也可以把全部

[12]「三聖」赫密斯（Hermes Trismegistus，意為「三重偉大的赫密斯」），是希臘神祇，傳說中帶給人類眾多技藝的神祇、國王、聖賢，也是歷史上第一個提出宇宙整體觀念的人。本章引用的文句，出自《翡翠綠碑文》(*The Emerald Tablet*)。

的生命找回來。

「做」的結果，不再重要了。反而，是「做」的過程，才重要。在任何「做」的瞬間，我隨時可以把全部的生命找回來。

我前面所講的——對稱、相對相成、整體不分——這些觀念，是符合物理和數學最基本的常識。也就是說，從最大到最小，從星球到亞原子粒子，任何宇宙所帶來的力量或場，都離不開「對稱」的觀念，離不開「整體不分」的觀念。進一步說，人腦結構的限制，所用的邏輯就是站在一個局限的範圍。我們在局限的意識，沒辦法透過這個局限的腦，來體會到整體、一體、無限大的意識。雖然如此，這個整體、一體的意識，隨時都含著局限的意識。

反過來，從局限的意識，也可以隨時延伸到整體。但是，要從局限的腦的軌道挪開來，回到整體的意識——也就是解脫，其實沒有創出來任何新的邏輯、新的功能、新的架構，只是用本來已經存在的一切，充分發揮。最有意思的就是，古人早就知道，若要把全部的自己找回來，不被有限的認知給困住，就要超越思考，進入一個無思無想的境界。

也可以這麼說，回到我們局限的意識來談，一切我們人生所看到的，都是「我」創造出來的。進一步講，這個宇宙，這個生命是透過「我」的意識來呈現的。再強調一次，我們所看到的全部形相，也就是宇宙帶來的萬事萬物，包括我們這一生所體驗的一切，本身就是局限的腦所可能認定的。它的知覺範圍，本身就是透過一個對立、比較、分別而得到的，自然會把這個宇宙分段、分部、分離再組合。沒有這個局限的腦的限制、分段、分部、分離，我們只可能體會到整體，而沒有任何內容好談。也就是說，再怎麼精彩，怎麼悲慘，全部是人生的內容，是我們局限的腦所創出來的。站在整體，完全不成比例，只是整體的小部份的小部份的小部份的小部份。然而，落到這個最小的小部份，我們的一生在那裡打轉，認為這些就代表整體。我想表達的是，透過這個小而又小的小小部份，我們是可以看到整體，而且可以輕輕鬆鬆的移軌到整體，那麼，也就超越了，也就醒覺了。但是，並不能把這個小部份稱之為整體。

我擔心我解釋得還不夠清楚，就讓我用下一個比喻來說明。假如我們用「場」的觀念來講，我們就可以用一個全部的場的譜（spectrum）來解釋。這個最源頭、一體、不分別、無條件、絕對的意識，其實佔據了這個場的譜的絕大部份。而形相所帶來的場，只佔了很小一部份。

形相，從微細到粗重，又有各式各樣的能量場。我們人可以看到、體會到的，還只是在形相譜當中的很小一部份。更不用講，站到生命的整體來看，真的是小之又小。但是，不能小看形相所帶來的吸引力。雖然從整體來看，確實很小，但是會讓我們陷在裡頭，看不到周遭。更正確的說法，我們的人間生命本來就是種種形相帶來的條件所組合的，所以，我們的意識也只能稱為有條件的意識。我們的生命，從來沒有離開過往昔因果所帶來的種種制約和影響。所以，也只能說，我們所看到的人生，也離不開種種和人生相關的條件所造出的吸引力。看清楚這些——人身為人，所承繼的人間制約的條件——我們竟然就跳出來了。跳到一個更大的維度，無限大的維度。

跳出來的話，宇宙跟我再也不分了。我們就突然體會到，我們一生被「我」給騙了。我們不知不覺，透過「我」創出來另外一個宇宙，跟「我」分開。把這個過濾網拿掉，全部問題自然消失掉了。我再也不會把自己化為宇宙的任何角落、部份、東西、形相。這些，也只是我全部生命的一小部份，怎麼可能取代我？怎麼可能蓋得住我的真正身分？如果沒有「我」，就沒有什麼宇宙好談的。我就是宇宙。我，就是生命。我，就是整體。

我，就是。

我，講完了。

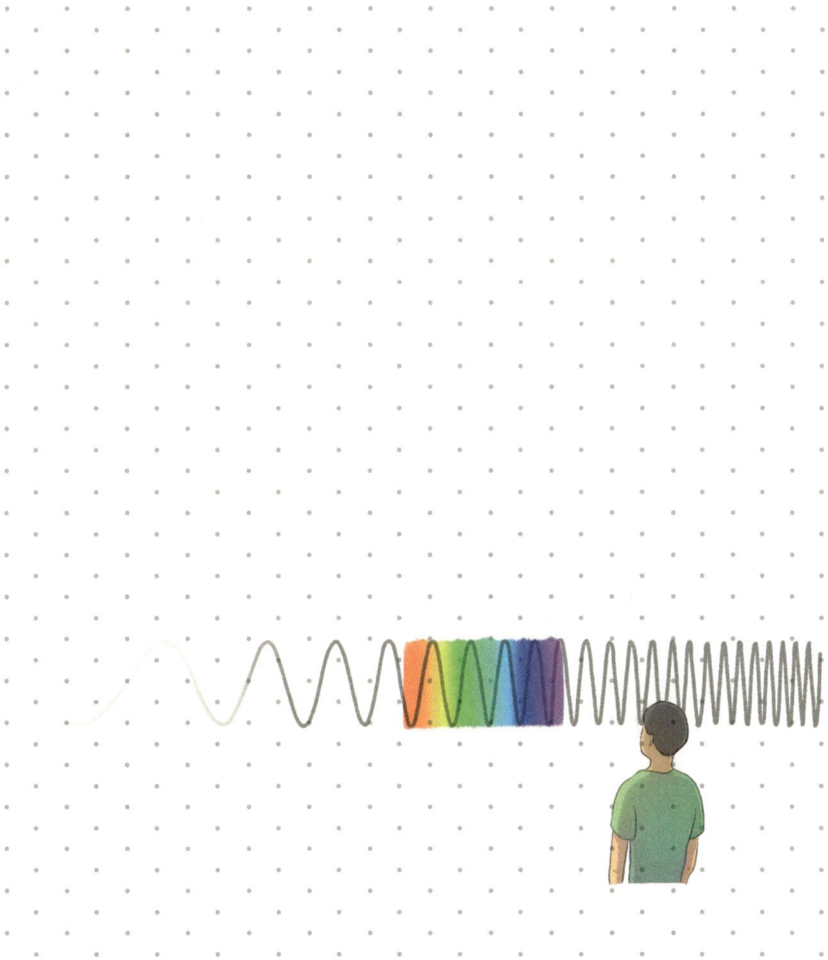

假如我們把生命當作一個場來看，也可以說，形相只佔全部的一小部份。形相，進一步又可以分成微細、中等、粗重的能量場。那麼，人所看到、所體驗到的，也不過是這個形相譜的一小部份，也就是這個生命場的更小一部份。可惜的是，我們的一生，就被這個小之又小的部份給帶走了。嚴格講，把這個生命當作生命場來描述，也是不正確的。懂了這個比喻，也就把它丟掉吧。

02 體悟，也只是改變意識的焦點

人生最大的目的，是作為橋梁，連通兩個世界——有形有相的世界，以及無形無相的世界。

接續我們前面所分享的——我們過去所看的一切、所體驗的一切，其實只是生命的小小部份。像在整體不生不死的一體意識海中，生起這個小小的泡沫，沒多少瞬間就要消失了。在這個整體的海看來，這個泡沫好像是眨眼就過去了。我們一般人，從古至今，注意力全被這個泡沫帶走了。這個泡沫，就已經讓我們以為是一切了。最有意思的是，宇宙想把這個泡沫打開，讓我們體會到整體的光明。但是，因為我們還是被這個有形有相的泡沫綁住，所以不光看不到泡沫以外的世界，以外的光明，還透過這個制約，一生一生一再地來，一再地重複泡沫裡面的故事。

也許，比較精確的表達應該是——我們每一個人都太認真了，不會覺

我們每一個人都活在人生的泡沫。在這個泡沫裡，我們透過念相，組合出一個豐富的人生故事。我們通常所說的生命，其實就是泡沫裡的故事。我們在那裡打轉，從來看不到泡沫的外面。

得這個是泡沫，而會以為是非常堅實、堅固的殼子，不用力敲打，是根本打不開的。

我們仔細觀察，連一個念頭，我們都擋不住。它像水流一樣的，不斷地來了又來，不斷地重複生起，哪裡還有空檔讓我們體會到念頭以外的世界。這些從來沒有斷停的念頭，不光帶給我們人類痛苦，更是我們人類的包袱。我們每個人都在這些念頭、痛苦中不斷打轉。然而，站到整體來看，這些人間現象的來來去去，也多麼可愛，竟然可以把人類困住。

站在整體，這些表面的困境，跟整體的完美一點都不相關。整體的完美一點不會因此失色。它本身會消失，整體本身仍然圓滿。這是不可能否定的，也不可能擋住的，這就是宇宙最大的奧妙。

這麼說，原本那圓滿的一切，我們一點一滴都加不上去，也減不了。假如充分理解，連我們每個細胞、每條神經都充分體驗到這幾句話，我們就突然跳出了人類上萬年以來的制約，把全部的生命找回來了。

醒過來後，我們對每一個形相，都可以容納，不需要拒絕。對人間帶來的所有考驗都能迎接，不需要逃避。然而，也不會再把這些當作絕對的真實，我們不會再受騙了。

活在全部的生命，就好像同時站在兩個世界，一個是有形有色的人間（圖左），另一個是無色無形的「沒有」（圖右）。把兩個世界連結起來，又沒有產生任何矛盾，就已經跟全部的生命不再分手了。

有趣的是，不光我們不會被任何有形帶走。不管再怎麼喜樂、痛苦、好壞，都不會帶走我們。我們還可以接受，全部接納任何瞬間所帶來的形式，甚至所帶來的考驗。最有趣的是，這種完全沒有對立，沒有抵制，沒有阻抗的狀態，自然就會讓我們完全跟任何有形有相接軌。這種全面的接軌，本身就成為一個通道，讓無形無相的浩瀚宇宙，透過這些管道來展現。讓我們生命得到一個徹底的轉變，不再抵抗，樣樣都順起來。一切的阻礙也就自然消失掉了。就好像整個宇宙都來幫你加油，讓我們得到一個最好的結果。

但是，奇妙的是，懂了這些，連這些結果也不會再去追求。這才是人生最大的祕密。

這種頓悟，是跟時空不相關的。但是，有意思的是，也離不開時空。因為它是從有形（時空）隨時通到無形（生命）。

03

用空檔來看世界

活在人生的空檔，也就是活在全部的生命。失掉這空檔，就在這世界中失落了。

任何角落，都可以找回整體。這麼說，在任何角落都可以找回人生的空檔，而人生的空檔是映射了無形無色的我，讓全部的我自然呈現。

這個空檔，不是外在世界的沉默或無聲。有很多朋友，為了修行，喜歡清靜，喜歡沒有聲音，喜歡不受干擾，認為這樣子才配得上人生最大的追求。一離這個沉默，這些朋友反而跟周遭的世界格格不入，總覺得受到干擾。我也常常聽到朋友說，他們透過連續幾天的靜修，透過外面世界的平靜，達到了內心的一種寧靜。然而，這些朋友也會說，這種靜，隨著回到這個世界，時間一長就消失了。因此，也格外期待什麼時候能再去靜修。

這種境界，還是有形有相所得來的。我們必須要清楚了解，任何有形式的，都會消滅，包括沉默。我這裡所稱的寧靜、空檔，倒是和任何念頭、情緒不相關，也沒有什麼經驗好談，它是體驗不來的。

只要我們跟這個瞬間，「這裡！現在！」接軌，寧靜、空檔自然就在。也就是說，我對任何人、任何東西都沒有任何期待。不期待任何變化，更不用講對那個情況要有什麼徹底的轉變。我對這世界沒有任何要求。充分的體會到一切本來就已經是如此。那個瞬間所發生的事，一切跟我不相關，也都已經圓滿了。這麼面對世界，人生的空檔就在眼前。

站在人生的空檔，來面對這個世界。每一個瞬間，就好像我的最後一刻。我只好全心投入。知道一切，但不改變一切。我就好像一個死人，活過來了，是我最後一次，卻也是第一次看到這個世界。輕輕鬆鬆地，跟每一個形式都說「是！」，都點頭，就讓它存在吧。這就是人生的空檔。

而我們意識徹底的轉變，也就是讓我們同時站在不同的意識層面生存。也就好像前面的圖，我們一隻腳站在有形有相的世界，同時又另一隻腳站在無形無相的世界，而沒有任何衝突。這兩個世界，透過我不斷地交融。站在這空檔，也是同時把頭腦落到心，而從心出發。任何行為，任何動作，都是誠懇的，都是正向的。

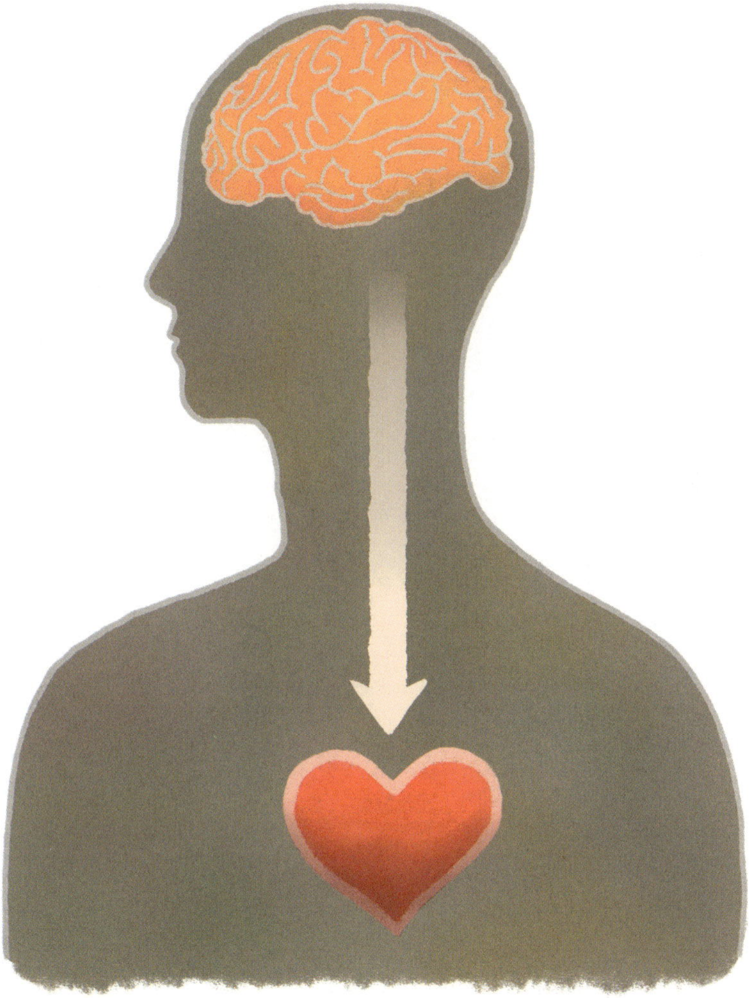

第四個意識狀態，也就是從腦落到心，從分別的念頭，轉到最原初的知覺。這個知覺，不受到時間和空間的影響，甚至不受到任何制約。從人和宇宙還沒出現，它就存在。宇宙和人都毀滅了，它還存在。它就是最純的知覺。一切落到心，或說從心出發，也只是在強調——我們透過每一個瞬間，把自己交出來給這個生命。讓生命帶著我們走，不再有任何「我」的過濾或扭曲。從心出發，自然把知識轉成智慧。從相對，轉成絕對。從有限，轉成無限。從有條件，轉到沒有。落到心，生命才重新開始。重新開始，活我們。在這張圖中，特別要注意的是，我所說的「心」不是心臟的心。它是一個超越思考而無思無想的狀態，也就是我們人最根本、最輕鬆的狀態。

04

就讓醒覺的光透進來吧

在醒覺的過程，什麼都得不到，但是一切都圓滿。其實，也只是「圓滿」來圓滿我們。

醒覺，就好像從一個密閉的房間，突然把窗簾拉開，看到外頭的陽光，而這陽光亮得刺眼。第一次見到這麼強烈的光，有人會大哭一場，也有人會大笑一場，但也同時有人會說——就這樣啊，就這麼簡單嗎？

最重要的是，陽光本來就存在，從來沒有離開過我們，也從來沒有躲開過。但很不幸的是，透過「我」密不透光的牢籠，把它遮住了。打開窗簾，除了意識的門戶打開，其實沒有其他變化。就像陽光，道，本來就在身邊。看到了，領悟到了，道也只是在身邊。沒有近過，也沒有遠過。你醒過來了，連「找回自己陽光」這種話都講不出來。因為它本來就在心中，只是你自己不知道。

活在陽光裡，就是活在全部生命中。自然會發現，每一個生命，不光是動物、植物，就連礦物、地球或任何星球都有很深層面的意識。宇宙萬物的意識都離不開一體意識，我們也可以稱它上帝、佛性、空。我們人因為透過頭腦上萬年的運作和制約，反而以為只有人有最高的意識。

明白了這些，「共生存」的觀念就自然從內心湧現出來，不可能再為了自己的生存去傷害、甚至毀滅其他生命。因為我跟周邊的人和生命的分離，是有限意識所帶來的假相。這個隔閡根本不存在。

找回全部的生命，就好像在漆黑的暗室裡，突然把窗簾拉開，讓外頭的光明湧進來。這個太陽的光，本來就存在，從來沒有變過，是我們把它遮住了。打開窗簾後，把自己的全部生命找回來。一切只是如此。我們也得不到什麼，也沒有損失什麼。

懂了這些，自然會愛護周邊的人、動物、植物，任何東西，包括地球。不可能再用武器、暴力來解決問題。這其實也只是愛護自己，得到生存的道理。也可以說，慈悲是自然而然的，不是需要去追求的德行。它是全部生命自然的一部份。

許多朋友，在慈善與公益投入了相當多的精力，充滿了犧牲與服務的精神，都是從內心而發。對生命的尊重，讓地球永續發展，是值得我們每一個人效法的典範。唯一小小提醒是，從整體生命的角度來談，「做善事」的觀念是很重要，但不是最重要。真正重要的，還是先把自己找回來，從人生更深的層面領悟到自己是誰，而慈悲自然會發出來。

我們認為在幫助其他生命，這本身就是一個大妄想。是站在一個「我」的觀念去歸納、分別好—壞、生存—不生存而來的。先找回自己，醒覺，比較踏實。醒覺後，該怎麼做會清楚的。任何「做」，因為從內心最寧靜中出發，它本身就會創造，會友善，對人類的展現就會有直接的影響。有趣的是，即使不做、不動，一個醒覺的人的生命場，也都可以轉變這個世界了。

這麼說，我們人生活著最大的目的，也只是輕輕鬆鬆讓這宇宙的光明照進來吧。不要對它或任何形式再生出任何抵抗，也就完成這個大任務了。

05

再一次回到——存在與作為

全面的生命，唯有透過「存在」才可以充分體會，倒不是透過任何「作為」可以活出來的。

存在跟作為，其實是落在兩個不同的邏輯，不光沒有對立，根本沒辦法接軌。

存在是個永恆、絕對之境的觀念。「存在」這兩個字是一個路標，讓我們稍微可以體會到無形無相的空，也就是我們整體意識、整體生命很重要的一大部份。反而「作為」是符合局限的觀點，和有形有相相關。

這麼說，每一個動物、植物乃至礦物，都在一個「存在」的境界。它們的意識不受分別局限，沒有再加另一個思考的層面，沒有再加一個念頭，隨時和宇宙的大意識相連。也因為這樣子，我們每一個人都喜歡接觸大自然，或是喜歡有寵物在身邊。我們跟任何生命接觸，常常有機會讓我們跳出思考的框架，而停留在最原始的知覺來交流互動。所以，在那一刻進入無思無想的狀態。我們喜歡接觸小嬰兒，也正是因為如此。嬰兒和小動物對我們沒有分別判斷，也不會有批評。可以讓我們的腦放鬆，放下產生念頭的需求。

相反的，任何「做」，包括「作為」，包括「成為」都只是描述一個有形的變化。它讓我們從一個點到下一個點，從一個瞬間到下一個瞬間，帶來生活上的變化。因為「動」，任何「動」，都是透過一個主體（我）和一個客體（動的對象，任何客體）才可以成立的。這一來，在邏輯上不可能讓我們體會到整體。

所以，醒覺，也只是覺察到一切，aware of awareness（也就是「覺察到覺察」）。在任何「動」之前，就連誰在動、誰在做、誰在醒覺都沒有什麼好談的。這就是醒覺，就是一切，也就是我們全部的生命。是我們的佛性，也是上帝。

佛陀的境界，也是大圓滿的境界。它隨時存在一個作為，卻沒有造出任何矛盾。從輕輕鬆鬆的存在，可以延伸出任何作為的範圍，但從來沒有離開過意識的源頭。相對來說，一般人甚至菩薩的境界，主要還是透過

「動」、「作為」來轉變世界，還有一個「救」、「渡」、「幫忙」跟「改變」的觀念。

我們每一個人都有佛性，不可能沒有佛性。假如沒有佛性，任何人都不可能成佛。反過來，倘若只有有形有色，沒有無形無色，任何人都不可能解脫的。所以，成佛倒不是回到動物、植物、礦物的狀態，反而是輕輕鬆鬆完全作主，掌控任何意識。包括——沒有意識的意識。

這麼一來，念頭、思考、邏輯就變成工具。「做」、「不做」、「存在」也不再有任何矛盾了。「存在」自然在每一個「做」的瞬間都可以找到。簡單來說，「存在」與「作為」已經不分了。我們不需要否定任何工具的存在，但是可以不被任何工具綁住。也可以說「是！」一切都重視，但同時沒有一樣事情需要那麼重視。也因為這樣子，當時釋迦牟尼佛才會講「不受後有」[13]，耶穌也說「我已經勝了世界」[14]。也就是說，雖然他們還活在這世界，但是不被人間任何有色有形所束縛。

[13] 散見於《阿含經》中，如《雜阿含經》卷第一：「如是，比丘！心解脫者，若欲自證，則能自證：『我生已盡，梵行已立，所作已作，自知不受後有。』」

[14] 〈約翰福音〉16:33。

找回全部的我，全部的你，也就是從「有」進入到「沒有」，從「形式」進入到「無形無相」。同時，意識的角度不同，一切所體會的，也完全不同。站在有色有形，我們看到任何東西是局限的，包括念頭，都還是形相，所以我們也稱它「念相」。站在「沒有」，也可以稱「空」，這個意識是無限大的一體意識，不可能分得更細。從這個整體，任何有形的東西可以生出。

左邊的實像，是用來表達有色有形的我。往右邊的虛像，來表達無色無形的我。愈往右，愈減少有色有形。這裡用雙向箭頭來表達，它們之間是可以雙向變動的，站在全部的你，一個人可以從不同的「角色」——「有」、「沒有」來體會這個生命。

進一步説，要把全部的自己找回來，也只是輕輕鬆鬆從「我」，尤其這個小我「挪開」。

瞬間、寧靜、存在、作為的關係

把全部生命找回來，也只是站在一個更廣的角度來看生命。所謂更「廣」，也只是在說——生命除了局限意識的部份，還有一個無限大、沒有條件的意識。這本書所強調的，就是這兩部份的交會點，也就是「這裡！現在！」或「這個瞬間」。我們再怎麼解脫，離不開這個瞬間。只有這個瞬間是真實的。其他過去或未來，都是念頭組合的。不管帶來什麼變化，還是要透過這個瞬間，才得以成形。

這麼說，我這本書全都在強調怎麼跟這個瞬間合作，不要再有任何對立。讓這個瞬間對我們友好，使我們能跟全部生命接軌，我們也只能讓這個瞬間存在。放過它。臣服於它。我也多次強調，跟這個瞬間作對，就是我們種種煩惱和痛苦的來源。跟這個瞬間合作，也只是全部接受這個瞬間所帶來的變化，不要再加一個投射、分析。讓這個瞬間單純化，也就是讓我們的生命單純化。

講到這裡，我必須要補充另一個重點。一般人聽到我強調「這裡！現在！」或「瞬間」的重要性時，會立即想到這個瞬間所帶來的內容。也就是說，我們自然會重視這個瞬間帶來的種種「動」、種種變化、種種故事。然而，我們全部接受這個瞬間，也就是找到這個瞬間「不動」的本質，也就是這個瞬間所帶來的空檔、單純的架構或存在。

我們完全接受這個瞬間，也只是在強調——這個瞬間種種的變動與作為，還只是頭腦的浮動。從整體來看，一點都不成比例。所謂的不成比例，也只是在強調生命和宇宙是一個整體，不可能跟任何角落甚至瞬間分離。我們所看到的瞬間帶來的變化，也只是代表了這個整體透過這個局限而有條件的意識，在瞬間所浮出來的片段。就好像一座冰山，我們只看到冰山最頂上的一小塊，根本看不到這個整體的意識。所以才說，這個瞬間帶來的變化和整體是不成比例的。所以，這個瞬間，也沒有什麼好對立的，因為我們充分知道還有一個遠遠更大的生命存在。

我們完全接受這個瞬間，也只是輕鬆落到這個瞬間的空檔，站在這個空檔來欣賞或觀察任何變動。只要有這種理解，自然會發現念頭就這麼消失掉了。即使最不舒服的狀態、最匪夷所思的瞬間，我們還是可以體會到一片寧靜，而這個寧靜從來沒有動過。這，才是古人所講的「定」（*Samadhi*）。這，才是解脫。

我談這些，也許對你來說，跟人間所帶來的知識完全是顛倒的。但是，我相信，只要寧靜地讀這些話、接收這些話，你的心自然會寧靜，自然停留在這個瞬間。

06 透過語言，最多只能留下路標

……最後連路標都要放下。

語言，也只是傳達念頭。它同時受到一個有形的系統所限。我們一般人會認為，念頭的規則是無限大的變異，然而，仔細觀察，念頭的根源其實是透過一個分別比較的邏輯所創立的。嚴格講，再怎麼變異，還是沒辦法超越有限的範圍。另外，念頭所使用、所組合的素材，也受到五官五感的限制。所以，再怎麼變異，也離不開這個肉體可以體驗世界的範圍。

然而，我們所稱的一體意識，不生不死的意識，無色無形的一體意識，倒不是用這個邏輯組合的。所以，一體意識是不可能用語言描述的。語言最多是作為一個指引的路標。如果很認真去抓每一個字，每一個詞，要解開它的意思，自然就落入了一個知識的境界、左腦的境界。然而，沒有任何知識可以帶來解脫。解脫，是跳出任何知識。

是透過恩典，我們才能接收到無色無形的光明。也就是說，不是靠我們「做」了什麼，而是因為我們「在」。醒覺的人，把這個全新的意識，接生到人間。圖下方的人，是醒覺的人，他張開雙手迎接新生命。新的生命，透過重生光明的通道，來到人間。圖上方的中空環狀通道，是光明的通道，帶著人重生。醒覺的生命，就像這個過程的促進者或接生者。醒覺，什麼都沒有做。什麼也做不了。醒覺，就是。

完全不知道，可以完全自在、完全放鬆的不知道，這才是解脫。

換一個角度來說，全面的意識，與「主體和客體的分別」是不相容的，根本沒有什麼分別好談，沒辦法用我們的腦去理解。這個關鍵，這個事實，表面上引發了一個矛盾，誤導了上萬年來的人。確實，也只有少之又少的人，能真正領悟到。

想用語言、用知識來掌握真實，這個現象，嚴格講，現在是更嚴重了。我們的分別邏輯透過快而高速的科技，在任何場合無所不入。只要我們打開電腦上網，什麼知識、什麼資訊都可以取得。以不可思議的快速，取得不可思議龐大的資訊。就連很小的小孩，都已經進入了這個資訊世代。從古至今的知識，敲敲鍵盤就可以拿到。這個事實，自然也讓人類自豪，覺得進入了一個前所未有的黃金時代，可以掌控從古到今的所有知識。

想不到，人類透過這種分別比較的語言和邏輯，只會愈走愈窄，愈走愈險，愈來愈對立。沒有一分鐘可以停下來，可以不動。更不用談寧靜，那早已體會不到了。愈分別，愈煩惱，人生愈痛苦。分手、憂鬱、不滿足和自殺率也不斷地增加。這是難免的，因為我們文明已經完全走上極端的唯物時代，而我們前面分享過，任何物質，早晚會消失的。

語言最多只能當作一個路標，指向全部的生命。也就好像這個老人家指著月亮，但是旁邊的小孩子也只看到指著月亮的手指頭，卻不知道在指什麼。任何語言，都受到局限客體意識的限制，不可能拿來描述全部的生命。

所以，從物質找不到一個人生的解答，更不用講解脫。

好消息是，在這種最大的危機狀態下，機會就來了。因為物質，以及任何物質的發展、發達，都沒辦法讓我們得到滿足、得到安全，面對這種情況，自然就產生一個缺口，一個空隙，讓無色無形的意識照進來。

有意思的是，有史以來，從來沒有過那麼大的危機，也可能沒有過那麼多機會，可以讓這麼大規模的人群得到覺醒。然而，只要任何一個人覺醒，他只要存在，就已經產生一個最大的能量或是生命場，自然會帶動周遭的轉變，並帶來不可思議的大恩典。一個人醒覺，就好像自然變成一個通道。讓宇宙透過他，來照明這個世界。

這麼說，任何有形有相的東西，包括語言，都可以變成一個工具。透過語言，我們還是可以指向這個不可思議的境界，也就是人類下一階段的命運。但是，語言或任何有色有相的形式，都不足以表達絕對的真實。所以，懂了，就要把它放下。就好像佛陀在《金剛經》裡面說「法尚應捨，何況非法。」也就是說，透過解脫，只要度過這個人間，也就把度過這個人間的工具給丟掉了，不要讓它再造成一個限制，帶來一套系統。同樣的，耶穌也說「神的國來到不是眼所能見的。」[15]

不這樣做，這個語言又會創出來一個系統，甚至宗教，還會誤導許多未來的人。也因為如此，過去三十年來，我不敢動筆用文字闡述。也就是說，全部的你，是一個沒有系統、卻又最完整的系統，因為它不受任何語言描述的限制，又同時離不開古人一切智慧的大法門。不光佛陀的「般若波羅密」，還包括耶穌的「愛」，彌勒佛的「唯識」，禪宗六祖的「頓悟」，跟老子的「無為」。

15〈路加福音〉17:20。

07

世界是個全像圖

宇宙不會犯錯。

每一點，透過每一點，我們都可以看透這個宇宙。每一點，每一個小部位，也跟這個宇宙分不開的。這一點，跟任何一點，也只是如此，不可能不是。它跟整體是相互連結的。反過來，真實也只是一個統一的整體，沒有一個角落可能獨自存在的。

這些所表達的，也就是用全像圖（hologram）來畫宇宙——從每一個角落，我們都可以看到整體。

懂了這些，我們不可能計較。

不可能計較這一點，也不可能再計較任何一點。

全部的生命是包容一切，沒有一點它不包容，沒有一點會被排除在外。有趣的是，從這個小小的「我」，可以延伸到無限浩瀚的宇宙。並讓我發現——我從來沒有離開過家，也到不了家。因為，我就是家！任何方法，任何技巧，任何說明，任何追求，都是多餘。連一個「止」，連一個「觀」，都不需要。

輕鬆存在宇宙的每一個角落，也就是自然體會到，一切本來就是永恆，本來就是圓滿，本來就是一切。這一生，可以來，也可以走的，絕對不是你。絕對不是你的全部。雖然你從每一個角落都可以看到整體，但你絕對不只是那個角落。甚至，你也不是你所知道的任何客體或狀況。只要可以講「知道」或「知道什麼」，都已經跟這個整

我們的內心反映到外境，內在世界也可以映射到外在世界。我們人，只要寧靜，就把一切的圓滿帶到外界，影響到外界的狀況，讓它順起來。反過來，內心不安煩惱，也相對的給外界帶來一個負面的影響。

體分開了。只要可以知道的東西，都會生，都會死，也都靠不住。走到最後，也只能用「我」（大我）來描述這些。或是更進一步，用「知」來表達這些理解。

知，沒有誰知，也沒有知道什麼。

最有意思的是，我只要輕輕鬆鬆專注，每一個角落，我也只能看到整體。也就是說，我從早到晚，見到任何人，看到任何東西，接觸任何事，就是我們的神聖會晤！因為我知道——種種人事物都是整體化現出來的，我也只能完全敬重它們。透過瞬間，讓我把注意力全部交給它們。更有意思的是，也許幾分鐘，甚或幾秒鐘，會造出一些不可思議的奇蹟，帶來意想不到的平安跟圓滿。我所接觸的一切，也就跟生命接軌了。整個空間，也就跟我一起活起來了。我自然把生命無條件的影響帶到人間，成為人間種種分別隔閡最好的療癒師。

理解了這些，我們人生一切的探討，也就到這裡為止。接下來，就好好過吧。再也沒有成功或失敗的觀念。再怎麼成功，也是如此。再怎麼失敗，也是如此。站在整體來看，它們都不成比例。我，對這個世界再也不會作任何要求。我存在，我就輕輕鬆鬆的存在。我本來老早就已經解脫了。

08 全部的你，是人類的偉大傳承

智慧，不是從人類的知識可以推導的。

人類的各大宗教，都是從個人修行領悟到的。這些先行者，都沒有留下任何文字，也不想留下任何文字。沒有文字可以表達他們的領悟。是透過後來的弟子們，把它轉成文字，留下許多路標。了不起的是，這些留下來的經典，不光是流傳至今。幾千年來，到今天還無法推翻。因為他們轉達個人的體驗，用的是很平常的話，不重視術語。也因為表達的是最直接的體驗，才可以留下來這麼久。到現在，還被視為至寶。

我們現在的人，透過科技的發達，不知不覺會採用科學的語言來描述任何現象。就好像只要用了科學、科技，就可以解答任何問題。進一步說，也好像說有了科學和科技的「根據」，就等同於真實。但是，我們人生最大的問題，倒是沒辦法用科學或科技來克服的。科技愈發達，步調愈快，效率愈高，反而給人類帶來更大的危機。我們都沒有想過，任何科技的根據，其實在幾年內就會被推翻掉，變得落伍。沒有一項科學的文獻，可以永久流傳。反而是，我們所認為「不科學」的經典，過了幾千年，到現在還在。

正因如此，我這裡選擇用一個平常的語言，來表達個人的理解。我希望用我這種表達方式，帶來一些路標，讓讀者可以體會到人生的全部，生命的全部。

你會發現，《全部的你》所表達的觀念，離不開任何古人經典所傳達的。這麼說，這本書也大可充滿古人的引言。但我認為，這些真理實在太顯而易見，不需要陷入考據的論述，就能體會到。而且，我這裡所要表達的，與宗教無關。我個人認為，會有那麼一天，它會是最科學的科學。透過千年、無數人親身的反覆驗證，也就是這樣，完全和古人的經典是一致的。只是體驗和表達的角度不同。所以，我選擇用現在生活的語言來表示。

所有強調大智慧的法門的經典，都會提到「無思無想」，會提到「把腦落到心」，甚至強調「空」。這個「空」，跟「有」不是對立的。透過現在的語言，它們就是兩套不同的邏輯系統——有，是相對的觀念；空，則是一個絕對的概念，包括「有」、「形相」、一切。

這是幾千年來，大家覺得最難懂的，但它反而是最科學化的。我們任

跟宇宙接軌，完全接軌，也就是回到最源頭的知覺（pure awareness），而活出——我，就是。透過這種領悟，其實跟上帝、佛陀、基督、就是，不可分離。

何人只要追求，只要去深究，自然會得到這個答案。假如，這個答案是透過體驗得到，尤其是全面的體驗，就像我們每個細胞都浸泡在這個體驗裡面的話，我們人生會突然改造，就像重生一樣。

有趣的是，接下來，我們從世界的每一個角落都可以達到同一個答案，都可以找到同一個一體意識。就好像一張全像圖，從一點可以反射出整體，這是多麼奇妙！這是人類經過幾萬幾千年不斷地演化，由少之又少的大聖人留下來的路標。最後，也就是指向那麼簡單、那麼明顯的真理。

雖然這些真理所帶來的結論再明白不過了，但是我發現這跟人間一般理解的價值觀念完全不同，根本可以說是顛倒的。可以這麼說，人類是瘋狂的，停留在一種無意識的昏迷中，造成了上千年不必要的苦難。因此，接下來，我花上幾年，從經典裡印證，發現一切只是如此，本來就這樣子。有意思的是，突然發現我可以深入每一部經典，而且每一部經典和我所理解的都沒有矛盾。這一發現，在我年輕的時候，帶來了一種無可言喻的欣慰，也讓我省掉了好多冤枉路。所以，對古往今來的聖人，我是充滿了感激，更深信古人的智慧是一生取用不盡的。

全部的你，也可以說是未來佛陀、彌勒佛、基督所共同的大法門。透過全部的你，可以把我們整體的意識作個整合，又可以接上基督所帶來的大愛的法門。意識完全通了，大愛自然爆發出來。它們是兩面一體。把全部的我，全部的你，全部的生命找回來，也自然把天堂帶到地球了，也自然造出The Christ Grid（我們可以稱它「基督意識網」），把人類帶到下一個階段。這下一個階段的人，也就是未來的人，倒不一定採用語言等等有局限、有分別的工具來溝通來表達。反而是在寧靜中，就能互相理解，達到人類整體的諧振，為地球帶來一個新的開始。

隔了那麼多年，我才大膽地冒昧出來表達這些觀念，不光因為我知道這些觀念是明顯的事實，而我也認為這是現在地球最急迫、最關鍵的一門功課。有趣的是，很多在修行上有心得的朋友，都選擇在這個時點出來。從另外一個層面來說，相當可惜的是，我分享的這一堂課，原本是東方的智慧法門。但是，透過上千年文化的制約，東方的人反而受到限制，有很多束縛。使得古人所留下的路標，即使是一套完整的系統，經過了千百年的傳承，反而成了口號，又造成了另一個層面的困境，讓現在的人打不開，解不開。

所以，在這本書，我選擇平常的語言，甚至用我不標準的口語，看能不能把這套真理再一次帶出來。

從《真原醫》、《靜坐》到《全部的你》

講到這裡，我也要順帶對過去透過《真原醫》、《靜坐》所表達的一些概念，作進一步的解釋。相信你讀到這裡，自然也已經體會到，要談全部的生命，自然可以延伸到全部的健康（全人健康、全面醫學）、全部的教育（全人教育）。也就是說，投入了全部的生命，也就投入了全部的一切。

站在健康的角度來談——人，本來就是整體。我過去用「身—心—靈」來表達。也就是說，人的健康，不是只局限在肉體哪個部位。健康，離不開心或生命更深的層面。心不健康，身體也不可能健康。心和身體，從來沒有分過，只是我們以為身心是分開的。全部的健康，或說全人健康，也就是勇敢的採用這些道理，來面對生命或是疾病。我站在這個角度，將從古到今、世界各地的健康法門重新整合，用現代的語言重新表達。雖然我過去在《真原醫》或各個場合，都是採用科學的實證來支持。但是，它其實離不開《全部的你》所想表達的觀念。

全部的教育，或說全人教育，也就是我多年來在各地大規模推廣教育的原則，同樣離不開這些道理。也就是說，一個人要從身心全面整合，才可以得到一個完整的教育。教育倒不是透過知識的累積、分別，或任何我們以為合理的追求可以得到的。這都還只是我們生命很小的一部份，只是在外在世界的努力。怎麼轉，都離不開分別局限的意識。我們現有的所有教育體系，不管是小學、中學、大學或是更高的研究所，都離不開技術層面的追求，反而不會針對生命內在更深沉的意識作一個整合。我們透過現在的教育系統，都只是讓我們的觀察力集中到外在世界，在這上面投入。可惜的是，得到愈多知識，自然會失掉生命更深沉的一切。我們透過競爭、突顯個人表現去加強「我」，反而帶給我們每一個人不快樂，也使得周邊的人不快樂。

全人的教育，也只是看清楚這個現況，讓我們找到生命更大的目的。同時，也讓每一個學生理解——他本來就是完整、圓滿。透過教育，只是彌補學習的某一部份，倒不是取代了他本來的圓滿。從來不是讓教育取而代之，成為他的一切。最有趣的是，我們可以透過種種的方法，來達到更完整、全面的教育和學習。比如說，透過畫畫、雕刻、書法、工藝、戲劇表演、經典朗誦、練習感恩的功課、科學展覽……等等創意的活動，我們會發現——學習不再限制在理性邏輯的左腦層面，而可以引發人真正的心滿意足和安全感。一個人，如果從小隨時都有滿足感，而隨時知道沒有任何東西是絕對重要的，他自然就會活出他生命最大的潛能。一生快樂，而不會茫然不安。這也是我們現在教育最缺少的一部份。

我們過去也舉辦感恩日的活動，來榮耀、慶祝全部的生命。透過每年四月第四個週末的感恩日，我們帶出感恩的觀念。希望透過這個活動，讓學校的小孩子或是監獄的受刑人，針對這個題目，創作繪畫或文字作品，來表達個人對感恩的理解。同時，我們也把古人的經典朗誦，透過大規模的推廣，帶到世界各地的華人圈子。無形中，已經讓上千萬的人透過這個活動，接觸到古人的智慧。

《全部的你》的觀念，可以帶到我們生活的每一個角落，化為待人處世的道理。經營任何團隊、任何機構，站在全部的生命，也就是對其他人有最高的尊重，讓每一個人都可以發揮。也就是隨時承認——正向，是生命最大的力量，遠遠超過責備和懲罰。只有正向，可以讓我們跟生命接軌，化解「我」，讓整體達成和諧狀態。

我相信，你一路讀到這裡，會覺得人生本來就該是這樣子的。我也相信，你也終於理解，我們這些年所推動的工作，所源起的出發點在哪裡。我也相信，懂了這些的人，會有自己的方法來表達這些理解。

第六卷　更多的路標

任何語言或概念，本身就是限制。透過語言和概念，我們從無限大的意識，落入一個局限的人間。所以，透過語言，或任何觀念，也只能得到有限的理解。我這裡用語言和觀念，最多只能當作一個路標，讓你稍微體會到無形無色的一切，也就是我們生命的全部。懂了，也就可以把這些路標丟開，不要再讓它們建立的系統綁住。

01 透過知識，一個人不可能解脫

愈多知識，愈多桎梏。

一個人醒覺，不可能知道更多，甚至可能知道更少。全部知識，都是透過觀念、概念所成形的。從觀念，我們不斷地得到比較、判斷、批判。我們把任何一個最單純的知覺，透過觀念的聯貫，稱之為好壞。接下來，再加上記憶所帶來的印象，還加上對未來的投射。

這樣子說，知識根本離不開形相。它也只是在外在世界這個最表面的生命面相打轉，倒沒有深入到生命的全部。有些人把知識的追求，當成了生命最高的目的，可能花上幾十年都在追求知識。然後，下一個知識。就連宇宙最大的奧祕，我們也希望透過知識來解答。也許是透過科學驗證，往大的方向，會想知道更大的格局。往小走，希望走到更微觀的格局，到分子、到原子、到亞原子粒子。這還不夠，還要更小更微細。

這套思路走到底，永遠走不完，還有下一步可走的。這就是人為的知識體系所採用的方法，它本身就成為它的限制。從局限的意識，找任何東西（客體），這任何的東西都會成為局限的。從這之中，所產生的任何定理，肯定都是相對的，不可能給我們最終的答案。

舉個例子，我們早上在公園散步。在第一個階段，我們只是好奇的左看右看，覺得樣樣都很新鮮。像早上滴下的露水，草葉上濕濕的氣息，空氣中有一個新鮮的味道，還帶著花朵淡淡的香氣。抬起頭看，鳥兒在枝頭間穿越歌唱。再往上瞧，太陽剛從雲間出來，透出來的光度，我可以用皮膚體會到。太陽光亮得眼睛有點刺，在還沒眨眼的那一刻，我正在歡迎這道陽光。再繼續走，看到空的長椅，我停步坐下，發現連風都有細細的聲音。我從這些聲音，可以聽到音樂。

這樣體驗的世界，其實樣樣都很單純。我這裡用很簡單的接觸大自然的經驗作為引子，因為我們每一個人都體驗過。同樣的，上班、下班、工作、睡覺、處理最不愉快的事、最痛心的決裂，都可以當作實例。在任何事發生的第一瞬間，任何瞬間，每一個成立的形相都很單純。發生，就發生了。是，就是了。

但是，我們人通常的習慣是立刻加一個概念，把它豐富化，甚至複雜化。舉例來說，我看到公園後，馬上頭腦會加一個「我剛剛看到那隻鳥好漂亮，太陽的光好暖，露水多麼清新。咦，剛剛那隻鳥是什麼鳥？怎麼會那種藍色？陽光真好，等等會下雨嗎？」坐在長椅上，自然想起「剛剛在家裡和妻子有個小小的口角，真後悔剛剛不該那麼說，等會回家再道歉吧。對了，今天下午還有個很重要的事情要跟同事們商量，只怕自己的能力不夠，自己的觀念沒辦法說服別人……」

這樣子，一路跟著念頭走下去，自然從生命的圓滿進入了生命的萎縮。從「這裡！現在！」的場，落入了萎縮場。把無限大的我，落進了有色有形的小我。智慧，具體成了知識。從全部生命的背景，落入了人間的前景。時時刻刻，把生命當作了只有這個前景，而失去了深度。這樣子，一個人一輩子這麼走下去，就落入了一種不均衡的狀態。失去了生命背景和人生前景的平衡，全活在前景的形相當中。

任何知識，也只是念頭組合的。這麼說，假如一個人只追求知識，把任何東西當作一個手段，或是一個工具，或是通往最終目的的一個墊腳石。這種價值觀念，它本身就註定了最後的結果。也就是說，透過知識，任何知

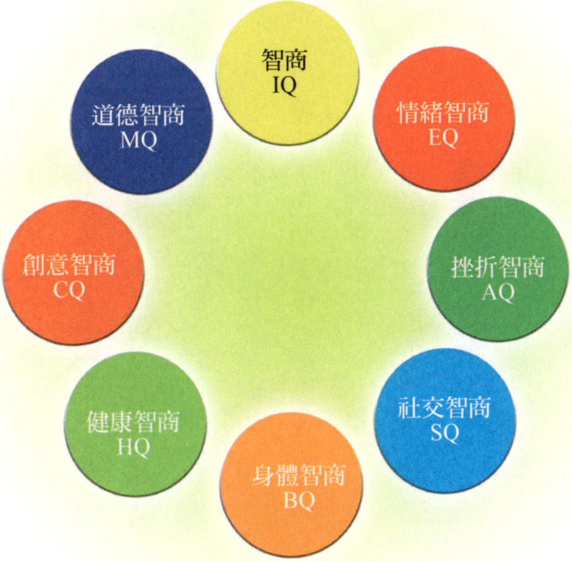

智慧，不同於人間帶來的任何聰明。我們一般所追求的聰明，離不開對立、分別的邏輯。比如說智商 IQ，我們以為是衡量一個人的智慧。其實也只是衡量某個方面的聰明，特別是離不開頭腦觀念組合和分別的聰明。進一步，大家所重視的EQ，也就是情緒智商，雖然比IQ更深一層，不光是顧慮到思考的範圍，同時也衡量了情緒，但還是離不開人間外在現象的互動。同樣的，所謂的挫折智商、社交智商、身體智商、健康智商、創意智商、道德智商，還是在人間種種層面，衡量一個人對人對事的互動反應，都還是頭腦可以組合、可以理解的聰明。只有智慧，跳出人間，是從生命更深的一個層面發出來。智慧所產生的狀態，本身是從寧靜生出，而跟生命完全接軌。它本身反映了無限大、沒有條件的一體意識。所以，我們接觸智慧，通常立即會感覺到一種深度。這個深度不是人間可以理解的。頭腦也觸摸不到它的邊界，我們很難用語言去歸納、形容。投入「這裡！現在！」，也就是把智慧和我們的生命融合。

識，這種追求本身自然把我們綑得更緊，讓我們在知識、有形的世界更轉不出來。進一步講，也就是從「有」的條件，再得到其他的條件，在種種條件中不斷作出變化。怎麼變，也離不開有條件、有局限的客體意識。

遺憾的是，這種追求，包括任何技術、學術、乃至於靈性所帶來的知識，一個人只會愈鑽愈細，愈走愈窄。

我相信，任何人聽到這些話，尤其是專業出身的人，不光會驚訝，甚至可能會不舒服。我們從小到大，一生都被知識洗腦，以為知識愈豐富，人生目標愈明確。然而，我們可以仔細觀察——知識，任何人間所帶來的聰明，包括IQ，有沒有讓我們更快樂、更滿足、更舒暢、更健康、更活躍、更解脫？

也許，答案是正好相反的。

醒覺，是突然體會到人生沒有目標，尤其是沒有外在世界的目標。任何設定在外在世界的目標，跟我們的整體生命、我們的大我根本不成比例。人生唯一值得談、值得探討的目標，也就是「我」的意識狀態。我的意識狀態假如隨時在「這裡！現在！」，自然是圓滿的，是全部的，是一點一滴都不少的，也沒辦法追加的。

也就是說，一切是寧靜的。寧靜本身就是智慧，而智慧不是從頭腦延伸出來的。所以，任何知識都加不上來。站在整體的意識來看，不重要，不相關。隨時可以進入，也隨時可以脫落。可以在瞬間生起，也可以在瞬間消失。對整體，沒有任何影響。要回家，也就是整體意識的家、全部的我的家，必須要跨越知識，甚至人間的聰明。回到「這裡！現在！」，就是完全跟生命合作，再也不需要區隔出另外一套我們稱之為「知識」的境界。

這才是智慧。

智慧，就是人間更深的一層。包括無思無想的意識，無形無相的一切。智慧，就是最原初的知覺。一點一滴都不容增減，也只是把這一切包容。要有智慧，一定要活在「這裡！現在！」。只有透過「這個瞬間」的能量場，一個人才可能輕鬆汲取智慧。智慧所帶來的聰明，遠遠大於任何人間所建立的聰明。它已經不屬於人間可以描述的領域，我們沒辦法用人間的語言去解釋，更不用講去歸納總結。

然而，最有意思的是，智慧也離不開人間。它是我們每一個人都有的。若非如此，我們不可能每個人都能取得不生、不死、不制約的智慧，根本得不來的。我們，人，本身就是智慧。

智慧就是我。

但是透過人間的打轉，我們把它忘記了。

雖然忘記了，還可以隨時撿回來。也因為這樣子，我們每一個人聽到經典，都在某一個層面就進入了智慧。雖然頭腦不完全懂。但內心某一個層面，我們其實也懂。我們的心聽進去了，才會肯定這些經典是人類的最高學問。

就在這個瞬間，你也在用心讀我所寫的這些話。雖然腦海不免有種種質疑，但站在心裡，你自然會明白，一切也必然是這樣子。

02

沒有任何東西，有獨立的存在

不可能比原本完整的我，更完整。

我們所看到的全部東西，所取得的全部經驗，都離不開念頭。我們前面稱念頭為念相——不管再美、再精彩、再悲痛，再抽象的念頭，都離不開形相。任何念相，都不可能獨立存在。它本身就是透過其他的念相，才組合起來的。過去、未來、這裡、那裡……的觀念，所產生的五花八門的念相，會讓我們以為它們是真的，並進一步以此來建立自己的「我」，跟人生悲歡離合的故事。

這些念相，因為透過其他的念相才可以存在，這環環相扣是不可能斷掉的。它只會不斷地衍生，永遠不會消失。我過去在許多場合都提過，在本書也提過一次——念頭本身就會輪迴，更不用講我們整個人、整個族群、社會、文化都是這麼的在輪迴中打轉。我們人間，就是一個大妄想，透過制約，一連串的衍生，像水一樣流不完。

可惜的是，我們隨時會忘記——沒有任何念相是客觀的。念相，本身就反映「我」所帶來的主觀的過濾。把任何現象再加上我們個人的制約，才得到念相。正是用這個主觀的念相，我們才組合出我們的生命。也就是說，我們所能表達的觀點，都離不開個人的偏見。

更可惜的是，我們每一個人都認為自己不完整、不圓滿。希望透過某一個東西，某一個追求，或某一個人，可以來完成、圓滿自己。

例如，我們會認為有名，有錢，有地位，有權力，才可以完成自己，讓我們達到一般人所認為的人生最大的目的。同時，我們也會追求些比較小的目標，希望透過生活狀況的改變，取得一個更完整的「我」。也許搬個家、換個工作、換個朋友、許一個願、換一個計劃、更努力健身、強化技能、改變人生的態度。或許，今天為自己安排一些小小的調整，比如說換個髮型、換個說話口氣、換個吃飯的地方、聽首歌、看場電影、買一本新書……總之，不外乎是希望人生能有所「改善」，可以進一步完成自己。

遺憾的是，任何東西、任何境界、任何念相，都沒辦法完成自己。一個人透過不斷地追求，任何追求，都永遠找回不了自己——「你」，永遠不夠好。其他人，也永遠不夠好。全人類、整個地球，也永遠不夠好。這也是煩惱，甚至苦難的原點。

因為你忘記了。因為你一生的所有追求，從來沒有離開過形相。你沒有離開外在世界所搭建出來的前景。完全忽略了生命更大的一個層面——也就是「不動」、不生不死的背景。苦難，也只是把這個背景忽略掉了的自然結果。

好消息是，我們不可能失掉這個生命的背景，它是我們主要的一部份。我過去常說，若非如此，人也不可能解脫。假如我們真能失掉這個生命的背景，我們一生也只可能是局限、無常，而解開不了這個困境。人類也不可能曾經有人成佛、見道的。

更好的消息是，只要回到「這裡！現在！」。只要讓任何瞬間輕輕鬆鬆存在，不去干擾它，自然就把這背景找回來。就是那麼簡單。

要小心，這個世界還是會不斷地想把你綁架回來，把你帶回人間所接觸到的種種形相。無形當中，也透過種種的物體，不斷加強「你」的局限性。讓你分不清「你」和這些物體的關係。讓「你」和「你的生活狀況」分不開。「你」也只變成一個孤獨的故事。獨自面對人間，對抗世界。

這是每一個人從小到大，所面對的考驗。

就連修行的人，成就再大，這一生所要面對的，也是一樣的考驗。有趣的是，所有大聖人，無論佛陀、耶穌都在他們的自述中提過類似的情況。佛陀曾經在極端的飢餓中，生出種種幻覺[16]。耶穌也在沙漠中，遭遇了種種誘惑[17]。他們都克勝了這些幻覺和誘惑才成道，而完全知道這個世界不過是個大妄想。

這是我們大家要注意的地方，甚至是每一個走修行之路的人，更需要注意的地方。就算是修行的領悟，只要能用語言表達的，就還是知識。本身已經落在一個有局限的系統。從這個系統自然會衍生出一些原則，而從原則再衍生出來一些規則。更不用講，這些系統、原則、規則也只能透過局限的語言才能表達，同樣離不開局限而有條件的意識。

任何經驗，不管多高、多深、多微細、多超越、多神通、多麼喜樂、多不可思議、多麼大的突破，只要可以表達出來，可以說已經把它局限了。然而，一個修行人，假如不小心，會把這些領悟當作究竟的真理，創出另外一個系統。不光如此，還會傲慢，以為自己真的懂了一些別人不懂的。還會進一步認定——「我」的宗教比「你」的更完整、更究竟。「我」的理解比

「你」的更深刻、更透徹。

這一來，再也很難回頭想到——

其實，回到整體意識，也就是全部的我，一個人只能這麼說——我什麼都不知道。**I know nothing!**

一切都好，一切都沒有矛盾，更不用講衝突了。一切，就是。

---

16 參見《佛說觀佛三昧海經》。

17〈馬太福音〉**4:1-11**。

03

看清，就是解脫

知道，清清楚楚的知道——任何東西，也只是個念頭。

仔細觀察，我們所接觸的每一個東西。不管是一朵花，一個石頭，另外一個人，就連我們所碰到的任何東西，都只是一個念頭。反而，沒有念頭，就沒有東西。更不用講，就沒有問題。一般人想不到的是，連我們遇上一個桌子，要知道它是一個桌子，也是透過念頭才知道的——你知道它很堅固，甚至感覺得到它的沉重，看到它的顏色、觸感……也只是念頭組合出來的。若不是透過這些念頭，根本沒有「桌子」好談，好體驗的。

我們吃到一個東西，也是透過念頭，才知道這個飲食的質地、質感、口味，酸甜鹹辣。這些，都是透過念頭所帶給我們的體驗。我們所看到的任何東西，不光是眼前的世界所見，還包括腦海中可以想出來的一切，也都只是一個念頭的化身。聽，也是如此。聞，也是如此。

這麼說，任何念頭所帶來的呈現、感受和任何體驗，本身也只是一個念頭。這個世界，其實就是一個大念頭。

對我們一般人來說，生命就是一個停不下來的強迫思考。

反而，要找到全部的你，要知道，這個念頭的世界只是我們整體的一小部份。並進一步要知道，在念頭前面，還有一個知覺。這個知覺是最直接、最原初的，倒不需要任何「動作」，就可以取得。只要透過這個知覺，讓一切存在。包括這個念頭的世界，也都讓它存在——這就是醒覺。

最不可思議的是，這個最源頭、最根本的知覺，跟我們的感官不相關。假如沒有感官，它會透過其他的管道來傳達。它從來沒有生過，沒有死過。它本身就是存在。用人類的語言，也只能用「存在」來描述這個知覺、這個意識。只要我們輕輕鬆鬆存在，也就自然把這個意識帶回來了。

讓一切的「別人」存在。不排斥，不拒絕，甚至不逃避。一切，都不用否定。一切，都不是問題。一切，都不用再加上一個概念。其實，什麼都不用做，反而更重要的是undo（也就是「不去做」、讓它拆解）。要把自己找回來，不光是什麼都不用做。而是要清清楚楚知道，任何「做」，都做不來的。

讓一切的「別人」跟東西存在。這樣子，就把人生的空檔找回來，也就是隨時體會——任何東西、任何別人，都跟真正的我不相關。他們可以來，也可以走。而我只好看著他們。就讓他們來，讓他們走吧。

倒不是我躲開別人，不面對任何事情。我也可以跟任何事物產生一個輕輕鬆鬆的互動，可以完全投入。事情來，我處理。人來，我交流。問題來，我解決。但是，在整個過程中，我都可以觀察到每一個動作、每一個瞬間。這麼說，每一個動作，也自然完成了它在這個瞬間的目的。也就是說，每一個動作自然跟生命接軌，根本不用任何頭腦帶來的決定。這才是真正成為生命的主人，真正精通了生命之道。

接下來，不管是射箭、畫畫、辦事、學習、教書、設計、研究、服務……我都只能把生命全部的聰明、全部的創造力帶到這件事上，帶到身邊。也就是說，我完全投入。透過這個瞬間，完全投入眼前的事。這樣子，「做」和「存在」已經不分了。是「做」，來做我。而我，完全交給「做」。

我，就是創造力。

這才是醒覺的「作為」，又誠懇，又投入。但是，再也不會被這個人間帶走，而把自己迷失掉了。

生命也不會再變成一個問題。人生所帶來的兩難、憂鬱、矛盾，很自然都消失了。

問題，每一個人都有。你有你的問題，我有我的問題。但是，這些問題全部都是人間所帶來的考驗，都是人間所帶來的變化。任何變化，都是一個形相的轉變。也許我的工作環境改了、不順了、我的家庭關係跟以前不一樣了、我失去了朋友、受到身邊人的排擠、失去了一個合約、抓住或流失了一個機會、考試考不好、面談不順……這些人間帶來的困境，讓我們總是覺得坎坷。同時會讓我們期待——透過命運的轉變或個人的努力，未來能進入一個順的境界。

遺憾的是，未來，永遠不會順。即使「順」，也只是很短暫，靠不住的。因為任何形相，不管再順、再不順，都只是從「沒有」生出來的，也早晚回到「沒有」，消失掉了。

再一次講到「順」、「不順」的問題。有許多人，從人間的標準來看是一帆風順，要名有名，要錢有錢，要權力有權力，隨時都可以影響到周邊的人，也被身邊的人當作羨慕的對象。這正是我們從小到大，透過教育灌輸而期待的未來。

大家也都寧願認為，或許透過努力追求，改變命運，說不定我們也可以得到。無論是百萬富翁、企業家、高階專業人士、電影明星、有名的歌手，這些在他的領域都可以稱為成功的人。按理來說，應該最有成就感，也最快樂。然而，這些一般社會認為有成就的人，只要沒有完全被自己的成功沖昏頭，通常還會想再追求更多成就。就好像，即使有了一時的滿足，但長期下來，反而還是不愉快、沮喪。也就是說，好不容易有了愈多，煩惱反而更多了。

這也是人生一個很簡單的道理。因為追求的對象是無常的，不可能從無常找到「常」，找到「喜樂」，找到解脫。

看清這些現象，也是修行最好的方法——假如有一個方法好談的話。

對任何事情，不要再加一個解釋

對樣樣，都不要作評論、評價，甚至不要解釋，不要再加一個標籤。

——你也許可以試著，把這個小遊戲，當作一個靜修練習的方法。

對任何狀況、情況、東西、人——我們一天下來，透過每個瞬間所碰到的一切，不要再加一句話。

比如說，看到一個人，只要輕輕鬆鬆地注意到他，不要再加一個胖瘦、高矮、漂亮不漂亮、男女的判斷。碰到一件事，不要再追加一個好壞、困難簡單、小事大事的評價。早上看著天氣，不用再貼上天氣好壞、雨大雨小、炎熱清涼的標籤。在捷運上，聽到聲音，不要去區分雜音大雜音小，有規律、雜亂。吃飯，不用評價好吃不好吃，划不划算。聽任何人講話，也不要作任何評論。

只要輕輕鬆鬆地注意到。就算自己正在作評價了，也就輕輕鬆鬆地知道。這樣子一天下來，會發現，念頭自然會大幅度的減少。自然會把我們的注意力收回心的空檔。讓我們清楚地照明自己和這個世界。

有趣的是，只要這麼做下去。一天幾分鐘也好，幾次也好。一個人會發現，能隨時把寧靜找回來。隨時都可以進入一個「聽」的境界。一個人也同時會達到一個平靜。

因為站在這個空檔，一切都清楚。一個人自然會選擇最友善的舉動，最友善的話，帶給自己和周邊的人事物和諧。

最有趣的是，你身邊的人，也都可以體會到你的轉變。

04

「這裡！現在！」，是人生最根本的狀態

「這裡！現在！」，也是人生最大的能量場。

我們一般人的人生，因為離不開念相的世界，而這個世界都是由個人的「我」和其他的「我」組合起來的。所以，任何人生的目標和追求，也不外乎是為了強化這個「我」和其他的「我」的區隔。同時，不斷地鞏固了這個念相的世界，把它從虛變成真，然後更真。

聽到身邊的人，甚至親人表達他們所重視的東西，或是他們想追求的價值，我常常感覺到不可思議。仔細聽大家分享他們的人生目的和目標，常常會讓我認為，難道人一生的追求都這麼短淺，這麼表面嗎？明明不是事，就這麼變成了有事。

這並不是說，這些目標還不夠「大」。其實，你再怎麼有名，再怎麼成功都是相對的，永遠沒有夠有名、夠成功的一天。我在這裡冒昧地講，就連

幫助別人，也就是透過「慈悲心」來付出、來服務別人，確實是人間值得鼓勵的作為。但是，要注意的是，正因為還是作為，所以還是在客體的意識中打轉。因為還有一個別人，一個對象可「渡」、可「救」，我們就這麼又把人生落入了一個「做」的範圍內。

確實，透過幫助別人，我們會得到一種安慰，同時也有一種成就感。然而，許多朋友，幾十年把自己奉獻出來，為眾生付出。也會發現——眾生是永遠救不完的，災難也是永遠消失不了的，而這些好事也是永遠做不完的。然而，就算救不完、消失不了、做不完，還是要做。怎麼去做善事，而沒有善事的觀念？才是我們真正需要的一堂課。

站在整體的角度來看，一切的作為，沒有絕對的重要性。我也知道，很多朋友聽到這些話會驚訝，甚至會反彈。但是，我同時也希望大家仔細觀察。你會發現——本來就是這樣子。

我們把自己的「我」當作真有一個獨立的存在。甚至，其他的「我」，也就是別人，好像就成了一個個獨立的「有」，就像從意識海中生出的許多小小泡沫。我們把這些種種的泡沫當作了真的。一生在泡沫與泡沫之間的磨擦、彌補、修復中度過，把這些事當成了人生最高的目的。當然，幫助別人的起點絕對有善意，而且值得肯定。但是，我這裡要提醒的是，只有一個人清楚地醒覺過來，才會發現，一切的作為也只是相對的重要。

一個人醒覺過來，他自然對身邊每個生命友善。不光是人、動物、植物，就連地球他都珍惜愛護。他產生的是個能量場，也是佛陀場、基督場、生命場、人類最大的場，來供養世界。他已經沒有好壞的觀念，一切所做的，都和本性、佛性是接軌的。這個佛性，也只能友善的滋養生命。用最有智慧的方法來幫助周邊，幫助人間。就算選擇「不做」、「不動」，都可以影響到全宇宙、全世界。

最可貴的是，這個生命場是最根本的狀態，是我們每一個人都有的。是我們每一個人還沒來到這世間前就有的。

在第一個念頭前，就已經存在。

人間還沒有「在」，它都已經「在」了。

一口呼吸之前，生命的氣息早已是飽滿的了。

理解這些，也沒有什麼「咎」，甚至「罪」好談的。我們自然體會，一切好壞還是腦海裡造出來的分別。站在生命最根本的狀態，就是沒有生、沒有死。每一件事、每一個東西也只是如此，沒有什麼念頭加上的「好」或

「壞」可以談的。我們認為過去發生的所謂「壞」事，無論是個人犯的也好，人類集體所做的也好，都是在無意識的昏迷狀態下發生的。

這麼說，也不用再繼續責備自己，或繼續責怪別人。

醒過來，一切的責備，立時也就消失了。

更不可思議的是，這種醒覺不需要時間！更不需要未來！也不需要離開這個空間！就在「這裡！」可以形成。就在「這裡！」可以圓滿。因為它老早就是圓滿，只是我們不知道，把它想得更難了。

活在「這裡！現在！」，也就是輕輕鬆鬆從一個夢中醒覺。從人生的夢中醒過來，從念相的世界走出來。

體會「這裡！現在！」，也就是體會——它不是「空」，也不是「有」。它不是只有「空」，也不是只有「有」。它跟我們稱的「空」和「有」都不相關，也離不開。它其實不是個境界，也不能讓我們用任何語言來描述。假如需要用文字來表達，最多用「場」的觀念來指稱，或許勉強可以沾上一點邊。

它是從「空」產生出來的能量、螺旋，也就是一個「生命場」。這個生命場，因為是在我們生命的源頭所建立的，也是我們人間最大的能量場。一

在「這裡！現在！」扎根，也就是——活在現在，我們生命的根源才會旺起來。自然不再讓我們往過去去追究，不再讓我們往未來去追尋。突然，生命對我們變得友善了起來，跟我們攜手合作。會讓外在的世界也順起來，跟我們內心的狀態接軌。

切人間可見的現象，都是從這個生命場爆發出來的。

活在「這裡！現在！」，也就是跟生命的源頭接軌。讓種種生命的奇蹟，衍發出來。隨時活在「這裡！現在！」的生命場，它本身就是最根本的狀態，並不受到任何條件的制約。我們的生命，也就隨時變成一個大的奇蹟。讓種種不可思議的現象表現出來，而且跟生命完全接軌。

甚至也可以說，站在「這裡！現在！」，自然樣樣就活起來了。這個「活」——生命的光明、喜樂、永恆，勉強可以形容。人間所見的形相，全部都會垮台。所有人間的知識，都會被推翻淘汰。然而，這個「活」——完美的、永恆的、喜樂的、平安的生命，是永遠存在的。

05

醒覺，也只是落在最根本的生命狀態

如果我們用單擺來表達生命的狀態，那麼，一體意識，也就是最輕鬆、最根本、最穩定的狀態。它就好像一顆球，儘管不斷左右在動，早晚還是會靜止下來。我們也可以這麼比喻，就像一顆球從山上滾下來，早晚會到達一個最低的點，停住不動。

差別在於，全部「動」的能量，轉回到不動的潛能。所以，不動的意識，是含著生命種種的潛能。從「不動」——最根本的狀態，萬物、種種形相都可以生出來。

醒覺，也就是肯定有這個狀態。隨時可以從這個最根本的狀態，觀察到外在的世界。讓我們隨時回到生命不動的潛能，也同時找回生命最微妙、最

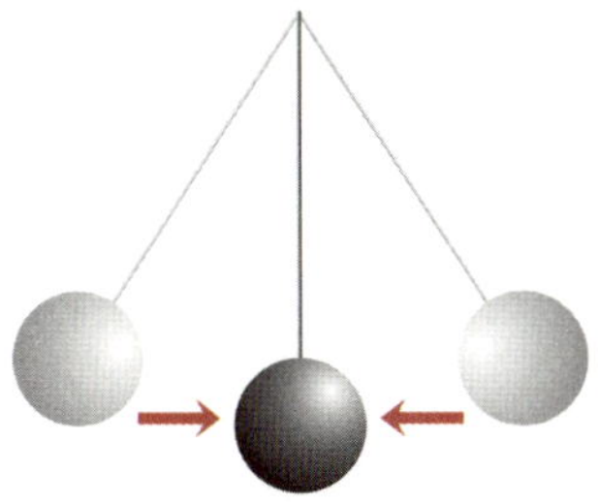

不可思議的深度。

懂了這些，這些話本身就是一個方法，本身就是靜坐最直接的切入點。

讓我再進一步作個說明。

因為，醒覺也只是體會生命最根本、最輕鬆、最源頭的狀態。這個狀態，跟任何人間帶來的狀態都不衝突。它本身就是一個生命的切入點。瞬間和瞬間中，我們也只能接受。全面接受人間所帶來的每一個變化。包括任何念頭，任何感受。我們充分知道，還有一個更根本的狀態。

所以，我們也只能歡迎每一個瞬間。歡迎它來，歡迎它走。不管多快樂，我也歡迎。多壞，我也歡迎。隨時，我在歡迎它來。隨時，我在歡迎它走。我充分知道，我的本家跟這些變化、這些狀況，一點都不相關，也一點都沒有分離過。我可以放過一切。

我可以放過每一個角落。

放過每一個人。

放過每一個東西。

放過每一件事情。

放過它。又會來一些其他的東西。我繼續放過。不斷地放過。再放過。再再放過。連這個「放過」的念頭，最後，我也放過。

這麼一來，我自然發現，念頭本身就達到一個寧靜。生命的空檔，也不用再去找，它本身就在眼前。生命本身，就成為空檔。空檔本身，就成為生命。我已經進入最放鬆、最穩定、最歡喜的境界。有意思的是，我什麼都沒有做。因為，連「放下」的念頭都已經是多餘了。我只是讓這個最放鬆、最根本的狀態冒出來。也只是這樣子。

06

「這裡！現在！」是不可能失落的

就算失落了，又怎樣？

大概沒有人會相信，在無思無想當中，世界還會存在。更不可能相信——在無思無想之前，還有一個知覺。更不會相信——這個知覺可以獨立存在。更不用講——這個最根本的無條件的知覺，跟我們的感官無關。也就是跟聽無關，跟看無關，跟聞無關，跟觸無關，跟嚐無關。甚至，跟想無關。

然而，透過這個無思無想的最原初的知覺，宇宙可以延伸自己，表達自己。透過這個知覺，沒有任何客體可以區分，也沒有任何主體在知覺。它就是整體，而整體就是整體。只有知道。只有覺察。只有醒覺。

這樣子說，連「醒覺」都是錯誤的表達。因為「醒覺」還代表有一個人，有一個主體可以醒覺過來。然而，更貼近事實的是——我們本來都是醒覺的，只是被這個念相世界給蓋住了。也可以說，我們所說的「醒覺」，其實不是醒覺，也沒有什麼好醒覺的。

這麼說，要醒覺什麼？

醒覺「醒覺」。

跟 **I Am that I Am.** 一樣的道理。就是。就是「就是」。

一切，就是。

也就是說，一切都是整體。也只是整體。也就是整體。從來沒有過不是整體。也不可能比整體更整體。

因為我們受到人間的吸引力，隨時會落到這個肉體，或是感覺，或是種種念頭上，自然把這個整體分成了局限而不同的小體，而不斷地在「體」與「體」之間分別、比較、判斷、投射，才創出來人間所用的局限意識。一生在那裡面打轉，怎麼轉也轉不出來。甚至把這些最原初的領悟蓋住了，並認為我們已經失去了這些領悟。

最有趣的是，有史以來，絕大多數的人根本沒發現自己「失去」了這些領悟，還以為念相的世界就是真的。一次又一次地來這個人間，從來脫不開這個枷鎖、束縛。也有少數人心裡明白，但不相信自己做得到。還是讓人間種種的事情、身邊種種的人把自己牽著鼻子走，最後還是把自己搞丟掉了。這正是大多數走修行的路的朋友心中最大的遺憾——表面上懂，但為什麼做不到？或是，偶爾做到，為什麼不能維持在這種清明的狀態？

更不可思議的是，「這裡！現在！」，也就是清明的知覺，是永遠脫落不了的。即使搞丟了，你知道了，它自然就回來了。想把它丟掉，還不可能永遠丟掉的。它跟「你」的任何作為，都不相關。它不靠你，更不用說會被「你」影響到。它不生不死，永遠存在。宇宙還沒生起前，它已經在。它最多可以來灌頂你，讓你醒覺。奇妙的是，就連這灌頂、這醒覺，都不靠任何「動」。就是這麼奧妙。

從另外一個角度來看，怎麼可能——你想要它，就找到它。不想要它，就搞丟它。這一切，跟你不相關。你找不到它，也失不掉它。輕輕鬆鬆存在，它已經在你身邊了。也就是說，你只能「存在」它。

再進一步講，有時候表面上你好像會失掉「這個瞬間」的體會。可能是幾秒鐘、幾分鐘、幾個小時、幾天，乃至於幾個星期。但是，失掉了，又怎麼樣？難道，你真的失去了什麼嗎？假如它是真如，站在這個觀念，一路走下去，隨時發現這個瞬間就在身邊，隨時都可以汲取，隨時都可以把生命找回來，大概也不至於失掉吧。因為，它跟「失」、「不失」、甚至任何條件都不相關。它永遠存在。懂了這些，一生的重擔、制約、煩惱、痛心，突然都可以放下來了。這一切，都跟你真正的「我」，甚至沒有「我」的「我」，都不相關了。「我」再也沒有什麼問題了。

這麼說，我在煩惱當中，也知道只是如此。在任何人間所帶來的考驗中，也都知道——在另外一個層面，一切都沒有動過。我就是完全投入煩惱，完全把另外一個層面忘掉了。它也還只是這樣子，從來沒有動過。這跟我在人間所體驗的、所活出來的任何經驗，都相關不了，也不會被任何經驗所動搖，更不用說消失了。

禪宗有句話「放下著。」又說「放不下。擔取去。」[18]也就是教人放下。放不下，就帶走吧。進一步，也可以說——道，到處都有。你「道」不了「道」，反而是「道」來「道」你。修行，只是充滿了信心，讓信心燃燒起來，成為信仰。而信仰，就是生命。

就讓任何「有」、「沒有」、「忘記」、「不忘記」……一切，都存在吧。

18《五燈會元》卷四
洪州新興嚴陽尊者。諱善信。初參趙州。問。一物不將來時如何。州曰。放下著。師曰。既是一物不將來。放下箇甚麼。州曰。放不下。擔取去。師於言下大悟。

07 沒有什麼好寬恕的

活在「這裡！現在！」，才可能真正寬恕別人，寬恕自己。

也只有進入當下，甚至活在「這裡！現在！」，才可以寬恕自己，寬恕別人。因為活在「這裡！現在！」，連寬恕的必要都不存在了。只有在「這裡！現在！」，我們才可以徹底的沒有區隔，沒有分別，而跳出「我」，跳出任何其他的「我」的境界。

這麼說，寬恕，就像愛一樣的。就像愛，永久的愛，也只是愛自己、真正的自己。這個自己，跟「我」、跟「你」不相關。是愛自己的本性。是愛一切。因為生命本身就是愛。愛本身就是生命。兩者從來沒有分手過。因為生命不可能不愛生命。宇宙不可能不愛宇宙。空不可能不愛空。

寬恕，最多也是如此。只因我們隨時會被人間的形相帶走。這本身就是人生的痛苦。我認識許多人，一生都在怨自己，怨別人。把一生所受的罪，不光交給自己，還交給別人，永遠怨不完。比如說，就連幾十年的「親密」伴侶，都捨不得不責怪。都要把自己一生的不滿，掛到對方身上——「他」怎麼欺負我，「他」怎麼不理我，「他」怎麼害我。甚至「他」怎麼害人，從來沒體貼過我，不知道「他」安的什麼壞心眼，看到「他」，就不順眼，想到「他」，就討厭……這大概就是我們每個人在人間的寫照，我們才有一件事會需要寬恕。

可惜，每一個身邊的人，早晚都會淪為「我」不滿、「我」怨的對象。人跟人之間，本身就帶來萎縮。就連最親密的愛情，長期下來不新鮮了，就成了一個萎縮點。從那裡轉成一個萎縮體，再轉成一個萎縮場，把我們綑綁起來。這，聽起來像是誰的問題。然而，這其實不是個人的問題，只是我們每個人都受制於人類集體無意識的昏迷而已。進一步說，我們每一個人也都只是代表人間所帶來的集體的惡夢，所以，又有誰有資格去給別人定罪？更不用講，有資格去寬恕什麼？

遺憾的是，任何過去的牽絆，像是光想起某個人，某個接觸過的人，都會造成一個萎縮，也就是一個結。很多人會想去寬恕，也就是去解開這個結。但是，它跟做好事的結果一樣。有待寬恕的功課，永遠沒完沒了。甚至讓人一生都在尋求寬恕，尋求被寬恕。

想不到的是，一個人只要回到「這裡！現在！」，就自然進入一個中性的狀態（non-reactive state）。不可能激起任何反彈，不可能對人生任何的形相有所反彈。前面曾經提過，這也才是我們最根本、最均衡的神經狀態。這個狀態本身，就為我們帶來喜樂、平安、愛，以及寬恕。

所以我才強調，沒有什麼好寬恕的，這不是人生所要追求的。反過來說，只有「這裡！現在！」的意識狀態，才值得作為人生最大的目標來守住。它會消除過去所過不去的罪、內疚、不滿……負面的制約。它會讓我們看到不滿自然地生起，自然消逝。我們也就完成了這一生，甚至多生多世的一堂功課。

也就是說，任何念頭，它還沒有生起，我們已經輕輕鬆鬆看它消逝了。

過去許多聖人要說的就是，任何人類的困境，都要從另一個更深的層面才能解答。反過來，在任何問題表相的層面上解決，都不是最圓滿的，更不可能一解百解。只有跳出人間，站在一個無色、無形、無有的層面，才可以把任何問題消失掉。

這個無有的智慧，雖然不屬於外，也不屬於內。最不可思議的是，它可以改變一切。甚至，可以改變外在的「命」。但是，要記得，命順不順，還只是外在世界帶來的分別觀念。只要把自己全部交出來給生命，接下來，我們也不會再期待種種分別所帶來的結果。

懂了，會不斷地帶來平靜和圓滿。這個圓滿會瀰漫到生活的每一個角落。讓我們跟宇宙輕鬆、快樂地共生存。這更大的一個聰明，宇宙所帶來的更大的聰明，有些人稱之為「智慧」，也是我們每一個人隨時可以汲取的。

08 活在「這裡！現在！」，跟守不守戒不相關

活在「這裡！」，也只是在這個世界，但又不屬於這個世界。

活在全部的你，活在全部的生命，跟任何宗教都不相關，但也離不開任何宗教。因為，沒有人、沒有任何一個宗教，能夠把真實、真如佔為己有。

最有趣的是，全部的你、全部的生命，倒不在意任何人去守戒（比如飲食、男女、睡眠……）。說白一點，沒有任何戒律，可以讓一個人醒覺過來。也沒有任何苦修，可以讓一個人成道。

沒有錯，雖然古人在修行的過程中，用了種種的方法，包括苦修，來集中注意力。但是，解脫跟這些經驗倒是沒有直接的因果關係。我們現在的人，也不需要經過那麼大的災難或苦修，來醒覺。

你會接觸這本書，其實這一生來，已經吃過苦，痛過心，受到種種的

打擊，才可能遇見這本書。更不用說還讀了這麼多頁，才讀到這一點。也差不多了，該成熟的，也成熟了。該痛苦的，也痛過了。倒不需要繼續在人間打轉，繼續摸索，繼續迷失。

我這裡也只是重新歸納和整合古人所帶來的路標。從古至今，這些所有的路標都指向同一點。這一點，也就只是「這裡！現在！」。也只有透過「這裡！現在！」，外界的生命再也不可能把你拽住不放了。

這麼說，覺悟，也就是醒覺。它不是提升，也跟任何人間所帶來的體驗或種種奧妙現象無關。很多朋友會認為修出特異功能就代表了什麼，更不用說神通。或是成天琢磨全身或部位的氣脈打不打得通，本身是不是有什麼更大的意義。還有人認為種種的心理轉變或是什麼特殊的感觸，就代表了什麼。有些人以為醒覺是個大狂喜的體驗，也有人認定醒覺應該是空靈的體悟。有些人還會看到天使、接觸菩薩，得到種種的訊息。也有人透過修行，希望開發頭腦的潛能。認為如果人類頭腦的使用率不到百分之十，是不是可能透過修行開發更多潛力。確實，這些更「高」或更「深」的成就，不管是肉體或心靈層面，都會讓我們忍不住繼續把它當作修行最大的目標。

一般人想不到的是，要解脫，超越思考，進入無思無想，也就是把腦落到心，跟全部這些經驗都不相關，也不會受到這些經驗的影響。這些經驗加不了半分，也減不了絲毫。醒覺，也只是輕輕鬆鬆的存在。而這輕輕鬆鬆的存在，就是活在「這裡！現在！」。

「這裡！現在！」不是一個地方、也不是一個固定的時點。它什麼都不是，又什麼都是。也不過就是把全部的語言、把一切的念頭交出去，全面地和生命合作。再也不抵抗，不阻礙。什麼來，什麼去，我一切都可以接受。

站在寧靜中，我的心早已經臣服了。在這個外境，我，還有什麼好堅持守或不守的？

09 走出人間的牽絆

任何牽絆，都帶來萎縮。

任何牽絆，本身就是萎縮。雖然我前面強調過這一點，但我認為，這個主題比任何其他主題都重要。也許你讀到「任何牽絆，都帶來萎縮」時，會忍不住質疑。會認為有些牽絆其實是美的，是正向的，並不是那麼沒有價值。但是，仔細觀察，我們一生所有的牽絆，所有關係，從小，到現在；從家庭，到進入社會；從幼稚園開始學習，一直到大學乃至於更高的深造；從接觸小朋友，大一點的同儕，到有對象；從有了伴侶，到有孩子；從周邊的人，到工作環境的同事……這些牽絆都是在外在世界成立的，也都離不開任何念相。

這些牽絆，是透過種種的念頭才為我們帶來一點感受。透過念頭和感受的互動，才好像固化成為一個堅實的「相」——也就是念相。進一步觀察，它本身從來沒有存在過，但我們把它當作真實。

任何念相，再怎麼好，再怎麼壞，都早晚會消失掉、消滅掉。它不可能獨立存在，也不可能是永久的。

我這裡強調的是，雖然我們讀了這些，都可以聽進去，但是我們沒有一個人能逃開過去的牽絆帶給我們的制約、束縛、萎縮。因為這些牽絆，會直接影響到我們的情緒，而情緒的功能就是來擴大念頭對身體的作用，作為念頭和身體的橋梁。所以，任何東西長期動用到我們的情緒的，對我們就顯得更堅實。無形之中，它們變成我們生活、人間生命很重要的一部份。甚至，成了「我」的一部份。

透過它們，我們才更確立了「我」。就連「我」，也是透過這些過去的牽絆而來的。過去的互動，本身就和「我」分不開。我們只要跟這些過去的牽絆接觸，就會有一個情緒的變化，而透過所勾出種種情緒，又會喚起更多過去的記憶，而這些念頭再勾出情緒，兩兩相互壯大……

對我們負面影響最大的過去牽絆，都會讓我們聯想到「痛」。我們每一個人的感情都受傷過，而我們一直扛著這些創傷繼續活著。接觸這些過去的牽絆，也就會把過去的創傷帶回來。甚至，任何反彈都會帶來一個負面的能量場，讓我們二次萎縮，耗用大量的心力。

這個事實，本身就讓我們想要採取一些保護措施。比如避開某些人，或是更微細、更有技巧地預防。比如說把接下來的互動淡化、事先準備一些想講的話、或說服自己這些事沒那麼重要，好讓這些創傷的負面影響力減到最低。我們可能對這個人的言行有所詮釋，把自己更進一步地隔離，讓這個傷的作用減輕。很多心理療癒，因為懂得這個原理，所以透過種種方法，鬆綁這些保護措施，讓情緒宣洩出來，得到心理的一個緩解。

在我們人生的旅程中，怎麼去面對，甚至超越這一切的牽絆，是我們這一生來主要的一門課，而答案是——就像愛與寬恕一樣，最踏實的方法，也只是回到「這裡！現在！」。

只有回到這個瞬間，隨時回到這個瞬間，我們才可能跳出這個萎縮場，跳出任何萎縮場。不需要再三的陷入某一個人、某一個情緒或是某一個狀況。活在這個瞬間，萎縮的念頭自然就起不來。就是起來了，知道了，也就自然消滅掉了。

我們可能認為，就是因為這些過去的牽絆帶來了極度的傷痛，所以才跳不出來。怎麼可能活在瞬間！尤其是在內心的委屈爆發，情緒最高張的時候，哪裡還有什麼瞬間好談的！

這是難免的。在無意識的昏迷中，每個人都是一樣的。在這種情況下，傷痛，就讓它傷痛吧。實在沒辦法忍受，也只好接受沒辦法忍受吧。痛到大哭，也就大哭一場吧。看著這個痛心，看著這個不可能受得了的瞬間。看著它，清清楚楚地觀察到它。也就讓它存在吧。也只是這樣子，就夠了。

自然會發現，從這個傷痛中，悄悄地出現了一個空檔。這個空檔自然就把負面的念頭和情緒抱住了，容納了。接下來，也就消失了。這個空檔，本身就帶來一個寧靜。外在的心在痛，內在卻是寧靜。就這樣子，我們就把自己帶回到這個瞬間。

有些人，回到瞬間，會突然大笑。回想這一生都被這些過去的人、過去的牽絆綁住，為自己帶來難以承受的痛苦。現在卻發現它全部只是一個自己建立的大妄想。好玩的是，活在「這裡！現在！」，雖然是內在世界的一個境界，但它就像一個鏡子，會反映到外界。

也就是說，當下場，當下的能量場，自然在外界的每一個角落流露出來。很多過去的牽絆、不順，很微妙的自然會消失掉，或得到一個好的轉變。其實你也沒有做什麼，也不是透過你做了什麼。這些過去的牽絆所帶來的負面狀況，只是已經不符合全部的你、全部的生命，也就是你。所以，它自然會調整，會消失，會創造出一個空檔。站在生命的空檔，任何過去的牽絆也就消融了，自然化解了。這個發現，幾乎可以說是每一個醒覺過來的人，都會體驗到的。

也就是說，一個醒覺的人，本身就寧靜，充滿著愛、喜樂、包容……這個能量場本身就會帶動一切，把周邊的情況和人作一個轉變。無形當中，把大家都帶到一個更高的意識層面，小我的磨擦，甚或衝突就消解了。

瞬間帶來的寧靜

我遇過一位出家人，我問她：「為什麼年紀這麼大才出家？」於是，她和我分享她的人生故事。

她本來有一個很快樂的家庭，但是先生突然變心，要和她分手。非但把分手的錯全部怪在她身上，還製造偽證，讓孩子說對她不利的話。這一切，讓她措手不及。

這件事，她完全無法解釋。她沒有犯任何錯，一心一意都在照顧家庭，直到孩子二十幾歲成人，她覺得可以和先生一起享受人生的成果了。完全沒有心理準備，好端端的幸福人生，怎麼就成了一個惡夢，怎麼轉都轉不出來。

她選擇出家，也就是認為——人生一定還有另外一條路。

一邊說，她開始大哭，眼淚怎麼流都流不完。

我很同情，聽她把她人生的故事講完。把自己全部的注意力交給她。

最傷痛的時點，最傷痛的經驗，也只是反映人生的一個狀況，倒不等於「我」，也不等於「我的生命」。我，真正的我，遠遠超過任何人間帶來的快樂和痛苦。看穿人間，看穿任何的悲痛，也只留下平安。

漸漸的，她的哭聲停了下來。

至少半個小時，我沒有說話，她也沒有再說話。整個空間，充滿了理解，充滿了同情。

她開始微笑，從微笑，大笑，然後，停不下來。

我還是沒有講話。

但是，透過互動，我知道——她理解了。

她領悟到人生的另外一個層面。透過瞬間帶來的空檔，她領悟到生命的另一個層面。也就是說，人間帶來的痛苦，再不可思議，再難以承受，還是在這個外在的層面。

在人生更深的層面，其實什麼都沒有動過。

外在的生命，有喜樂，也有痛苦。假如我們透過外面所帶來的現象，來追求圓滿，是不可能的。

10

跟生命全面配合

跟生命接軌，就是跟生命配合。跟生命完全接軌，就是跟生命完全配合。

生命所化現出來的任何形相，我們也可以稱念相。都是透過「你」、「我」所看到、體驗到，而得到存在的。我們其實可以說，生命就是我，我就是生命。生命離不開我，我也離不開生命。這麼說，從任何角落延伸出來的形相、任何物質上的變化，還只是我們的一部份。

完全配合生命，不管高、低、快樂不快樂，歡喜還是傷痛，平凡或是突破，也就是解開人生最徹底的方法。全部的你，也就是承認——任何形相，跟自己分不開，也不用去對抗。任何形相，都可以接受、容納。任何形相，都可以放得過去。這就是活在全部的你，全部的生命。

這麼一來，一個人再也不用抓住任何觀念不放，也沒有什麼觀點好主張，更不用講設立什麼人生的目標。任何目標，早晚都滿足不了。也不用再去追逐下一個瞬間，好像下一個瞬間會帶來比這個瞬間更珍貴的什麼。這個瞬間，本身就夠了。

站在這個瞬間，輕鬆看到這莫名其妙、瘋狂的世界。但也就讓它存在吧，不去干擾它。It's OK. Everything is OK. 進一步，還可以在人間參與這個遊戲。完全投入，把自己完全交給這個瞬間，但是又不會讓這個世界把你帶走。樣樣也就不需要那麼認真，不需要那麼重視，也不需要那麼失望。面對的，也只有這個瞬間。活在「這裡！」。活在「現在！」。再也不會「人在、心不在」——這正是人類最大的疾病。

再進一步說，每一個經驗，每一個人生的體驗，自然變成平等。快樂和痛苦平等。好和壞平等。美和醜平等。富和窮平等。成功和失敗平等。清清楚楚知道，它們也只是神經系統配合感受，所建立出來的虛擬實相。所以它們也不可能再把你帶走了，也不可能讓你離開這個瞬間的完整與圓滿。站在這個平等心，看著這個世界，你已經老早回家了。這個世界，也就是你的家。因為透過這個世界的每一個角落，我都可以看到整體、全部的我。

有趣的是，站在這個瞬間，時間突然停下來。一個剎那、一個瞬間，可以延伸到一萬年。人類萬年痛苦所帶來的制約，透過這個瞬間，就突然不見了。就那麼神奇，就那麼奧妙。

我透過這瞬間，輕輕鬆鬆地選擇。選擇接受一切，選擇容納，選擇臣服，選擇快樂，選擇痛心。這個瞬間所帶來的一切變化，是我選擇這麼樣。也選擇接受「它本來就這麼樣」。最後，我選擇醒覺。

我再也不會跟著腦的任何念頭跑，而成為念頭的奴隸。在無思無想當中，任何人間所帶來的現象，都同時帶來空檔。這個空檔，也就不斷地讓我活在無思無想而超越思考的世界。我也不會再責備別人不懂愛，或認為「我」的愛心比「你」的愛心更大。因為這個人生的空檔，本身就是愛，本身就是原諒，本身就是接納。這些觀念，不管是愛，是原諒，是接納，本身都是平等的。也只能回到空。

你活著，醒覺。跟全世界的人都顛倒了，甚至不相關。不相關，也無所謂。就繼續活下去，讓生命來活你。

「我選擇……」

講到選擇，也就是個人的任何選擇。我們每一個人都會認為有個東西叫作「自由意志」（free will）。但是，我們仔細觀察，我們一生所選擇的，都離不開外在世界的範圍，更離不開這念頭的世界。

沒錯，我們的念頭是透過生命的螺旋場所建立的。本身就帶來種種的力量，含著種種化生的潛能，可以呈現種種的期待、願望——這也就是我們認為「自由意志」可以做的。然而，這樣的自由意志，假如只著重於對外在世界的作用，而沒有顧慮到一個整體，它本身最多只能稱為一種對立。是對生命的對立，不可能讓我們得到最高的滿足。它本身就是痛苦的根源。

其實，任何我們所稱的「自由意志」，只要和全部的生命不接軌，它根本稱不上「自由」。還是由「我」建立，還是受限於「我」有條件的表達，還是落在「我」所延伸的世界，落在局限、有條件的客體意識裡。

再講清楚一點，活在有條件的世界，也就是人間，任何念頭，包括我們所認為的「自由意志」，它本身還是受到種種條件的限制，也跳不出這些限制的制約。所以，根本沒有什麼「自由」好談的。人類有史以來，只要沒有解脫，我們從來沒有自由過。

一般人想不到的是，真正的自由意志，也只是跟全部的生命完全接軌。透過我們的選擇，把這個局限而有條件的意志，交回到無限大的一體意識。讓這個一體意識，也就是宇宙，也就是生命，帶我們走向這一生。

把自己全面交出來，也只是把這個客體意識所帶來的種種限制解開，而讓主體和客體的距離（我和其他人、其他東西之間的隔閡）徹底消失。只有這樣子，我才可以找回生命無限大的潛能。我再也不受任何條件的制約。我可以清清楚楚看到人間所帶來的變化，而我也清清楚楚選擇容納一切。隨時讓更大的生命來照明我，照明一切。只有這麼回家，我才可以真正活出一個自由的人。

這個一體意識所帶來的聰明與智慧，遠遠超過局限意識所能想像的。所以，把自己交給它，也就是——讓我們的生命來活我們。再也沒有分別、隔閡了。

這裡所要表達的理解，每一個成道的聖人也都會這麼說。也只能是這樣子。

接下來，我們可以把這些理解轉成一個輕鬆的練習。也就是說，面對每一個人生的狀況、每一件事、每一個人、每一個東西，我們都可以輕輕鬆鬆地帶出以下所要表達的領悟。

練習

我，清醒地選擇這個瞬間。
我，清醒選擇這件事。
我，清醒選擇眼前的這個人。
我，清醒選擇這個環境。
我選擇這快樂。
我選擇這煩惱。
我選擇這悲傷。
我選擇這個痛。
我選擇這個沒辦法承受的痛。

我選擇他。
我選擇你。
我選擇我。
我選擇一切。
我完全選擇這樣。
我選擇這個瞬間。
而我只可能選擇這個瞬間。
讓我自由選擇，我還是只會選擇這個瞬間。

用這種方法，面對每一個瞬間。用你自己的表達，你會發現，每一個瞬間都友善了起來，而生命很好過了。你輕輕鬆鬆地帶出來一個自由、主動選擇的味道，來面對這個世界、看這個世界。你已經把全部的對立消失掉了。同時對生命致上最高的敬意與榮耀。

這才是生命最大的「祕密」。

跟生命完全接軌，是解脫的第一步

我們可以把永恆、全部的生命當作一個鐵道來表達。也就像這裡所畫的，從最下面延伸到上面，不生不死，無始無終。由它自己的方向、規律走過去。從無限大、無條件的一體意識，也就是生命，會延伸出來許多小的、有局限的鐵軌支線。就像我們人間或腦帶來的種種形相。這些，本身都是無常。會生也會死，也是我們痛苦的根源。我們愈費力、愈扭曲，就把這個路走得愈窄，反而走出許多不需要的痛苦。跟生命全面配合，也只是把這些小的軌道帶回到整體。讓我們自己把生命交出來，信任宇宙種種的安排，帶著我們走。活著我們，走出最妥當的路。這是我們一生最重要的選擇。有意思的是，這個選擇是最不費力的。放下一切，也就是選擇生命所帶來的一切。

11

你既是前景，又是背景

你既是球場上的球員，又是球判，又是觀眾，又是球場。

用這種比喻，我希望再一次把全部的生命描述得更清楚。我們一生活在人間的前景，採用的也只是客體意識——有一個「我」在做一個動作，還有一個「動」的過程。這個「我」，小小的我，透過對立、磨擦、衝突，建立了我人生的故事。在這些故事中，我和你，當然是分隔的。這也是我們一生從小到大所認定的。它本身，就是我們腦的局限。

活出全部的生命，是同時承認有個更大的我（「無我」），存在於人生更大的背景。它不是透過客體意識來呈現的。是透過「空」，也就是無思無想、無色無相的一體意識，而不是由念頭或形相組合而成的。找回這個一體意識，是我們人生最大的一個考驗。是人類有史以來到現在，要跨出的一大步。

我們用球員的比喻，來表達整體的生命。也就是說——我跟其他的球員、跟球判、跟球迷，甚至跟球場、跟球場以外的整體，從來沒有分離過，不可能分離的。分離本身就是頭腦創出的觀念境界，讓我們創造出另一個虛擬實境。

把全部的你、全部的生命找回來，這個分離也就突然消失了。你也只能在每一個角落，都找回自己——更深層面的本質。這個本質是人人相通的。你不會再探討人和人中間的距離，也不會再強調「我和你本來就不同」。因為你明白，這一切只是這個分別的邏輯所創造出來的把戲。所以，認真去探討人和人之間是否有區隔，本身就帶來矛盾。但是，仔細觀察，這個矛盾，是透過我們前景的意識，也就是客體意識，不可能解答，不可能跳出來的。

全部的我，也是包括一切。用這一張圖作為比喻，我是球員，是球判，也是觀眾，也是球場。一切，跟我從來沒有分離過。透過每一個角落、每一個人、每一個東西，都可以看到全部的生命。

我用這個比喻，是來讓你知道，我所講的，透過人的邏輯來看是不可思議的。確實，就是不可思議的。我們腦海把任何意識都局限了，不可能透過這局限的意識跳出來，而體會到整體的意識。有趣的是，什麼都不用做。只要讓整體的意識輕鬆的存在。光是看著它、欣賞到它、體會它，也就夠了。因為局限的意識只是其中一小部份，只是全部的意識位居背景而被忽略掉了，反而讓我們以為沒有。

同樣的，透過整體的觀念，一個戲劇的主角，跟舞台、跟觀眾也從來沒有分離過。然而，若站在客體意識的角度，不光認為這些是分開的，還以為前景所呈現的，就是我們的一切。這是人生最大

我們局限的客體意識會帶來一個分離的觀念，讓我們以為有一個我、有一個你、有一個他、有一個東西……種種都是單獨的存在。站在一體意識，在這個宇宙，我們看得到以及看不到的一切，都有同一個本質，從來沒有分開過。站在整體，也沒有主體、客體好談的，只有清清楚楚的覺知，而這個覺知是永恆的。一切我們所見的客體都會消失，只有覺知是不生不死。

的一個誤解。打從人存在，就有。而且隨著世代相承，這個誤解愈來愈牢不可破。我們認為透過科技的發達，可以改變物質的世界，還可以把人生的樣子作一個改善，作一個提升。這麼一來，非但讓我們抓住不放，甚至就困在這萬年來的誤解裡。

講到這裡，不是否定掉人類的發展。科學和科技其實是寶貴的工具，提升人的生活品質。有了種種的方便，讓我們不完全把注意力放在生存，而能探討人生最重要的課題。然而，過度依賴科學，而把種種的物質當成了一切，這本身才是問題的根源。

我們有這種福氣，透過史上少之又少的幾個人，他們看穿了人間的限制，領悟到這個整體，也就醒覺過來了。醒覺過來，他們倒沒有知道更多，因為任何知識還是透過客體意識所帶來的。

醒覺了，把腦和念頭落到心。懂得跟生命接軌，與生命再也不分離了。他們懂得用腦、語言、甚至任何行為當作工具。需要就用，不需要，就不用。再也不需要計較。

另外，我前面用戲劇來比喻，也是希望表達——人生本來就是一個戲劇。好像是真的，又好像是虛的。從外在世界的形相來看，它當然是真的。

但從整體生命的角度來看，它根本不成比例，都是念頭創造出來的。

這麼說，一個人醒覺過來，也不會再追求任何結果，反而輕輕鬆鬆把人生當作一個舞台，化出一齣戲。這也就是梵文所稱的*lila*。以這種輕鬆遊戲的心來面對人生的變化。不用那麼嚴肅，跟自己、跟一切過不去。沒有什麼事情有絕對的重要性。

接下來，怎麼做都可以，再也沒有什麼絕對的重要性。透過宇宙，再加上醒覺所帶來的最大的生命場、能量場、螺旋場。醒覺的人，就算不動，都可以影響

也許你會問，本來我和其他的人就是區隔的，不是嗎？但是，仔細觀察，這還是一個觀念所帶來的虛幻的認定。這個隔離是我們本身對立、分別的意識所帶來的。沒有這個意識，也沒有這個宇宙，也沒有我，更不用講其他的東西。我們所認識的這個世界，本身就是局限和制約所創出來的，它本身就受到這些條件的約束而組合的，只能代表我們整體的一小部份。

到這個世界。

這些少之又少的大人物，能影響到人類上千年。反而讓我們感受到——人類的演化在某個層面上好像顛倒了。是透過這少數幾個人身上呈現出來了聖人的境界，我們才知道原來每一個人都有這個潛能。畢竟，沒有這個潛能，這些人也不可能成道的。所以，醒覺，是我們每一個人都可以做到的。

全部的生命，是包括一切。透過這張圖，我再做一次解釋。我是主角，也是其他演員，也是舞台，也是觀眾，也是這個劇院。我是一體的意識，不可分割而無限大的整體，同時也是它產生的局限而有形有相的「我」。透過「我」，整體的意識得以察覺到自己。站在這個舞台，我再也不需要那麼認真，把每一件事情看得那麼重要。我也可以在這個人間，輕鬆愉快的參與這個遊戲，接受人間所帶來的種種變化，也不需要被它帶走。

第七卷　實踐當下

理解了全部的生命，這個「理解」本身就是最好的練習。它本身就是最高的靜坐，不用再加任何一種練習的方法。隨時回到「這裡！現在！」——已經把方法和結果合一了。也就是說，結果本身就是方法。我擔心前面的表達還不夠清楚，所以在這裡再點出一些觀念，來引導你走向——不可引導的全部的你。

01

靜，就是當下

靜，離不開當下。每一個相，都有靜！

我們通常都停留在人間的外境。而這個外境是透過「動」和「做」組合起來的。我們一般人絕對不會放過外境，會想針對外境作種種的更動，達到理想的完美、發達、高效率……的成果。這些話，可以說是彙總了人類至今為止的文明發展的動力。全部的你，不只是這個外境，它包括內境，也就是意識層面更深的一面，也就是我們曾經提到的背景或因地（而外境，也就是前景）。

或是簡單說，外境就是形相，而內境比較像「場」，比如說一個能量場。這兩個不是對立的概念，兩個可以同時存在。

靜，寧靜，是銜接兩者之間的共同點。沒有靜，沒有空，就不可能有任何形相。任何形相，也是從這個靜、這個空所帶來的場，所衍生出來的。

衍生出來的任何形相，底下也仍然是靜，還是空。

隨時體會到這個靜，自然就活在無思無想圓滿的境界。靜，也只是變成一個輕鬆的知覺場，可以觀察到一切。我們仔細看，生活的習慣，全都在講究「動」。不光是動，還要動得快，動得有效率。包括資訊取得，跟觀念的轉變，還要同時多工作業。所以，懂得靜，重視靜，是我們回家之路要踏出的第一步。這跟我們全人類的價值觀念恰恰相反，根本是顛倒的。

也就是說，你在讀這篇文章，不光是在體會字面的意思，還體驗字句和字句之間的空檔，甚至更深層面的意識。字和字之間的空檔、更深層面的意識都是從「靜」轉出來的。真正重要的，是同時體驗到這些字背後的「靜」。

有意思的是，從古至今，真正的靈性老師也都是把弟子從「動」帶回到「靜」。因為「靜」其實是個能量場，可以說是宇宙最大的能量場。「靜」本身就可以講課，而且是最高明的老師。它本身就是最大的恩典。我這裡想起了——拉瑪那．馬哈希，這是我心目中印度百年來最了不起的大禪師。他十六歲醒覺，接下來幾十年不講話。後來即使講話了，也只是寥寥幾句，用他無相的光明帶著弟子，幫助許多人醒覺過來。禪宗的始祖大迦葉尊者，是佛陀的大弟子。他從佛陀拿起一朵花中，理解了一切，並以微笑回答佛陀[19]。千年來禪宗不講究語言來教學、來傳承，也是這個道理。

同樣，我們也可以稱大自然是我們最好的老師。大自然所有的動物、植物甚至礦物，都活在當下，在一個寧靜的狀態存在。這個當下，是在念頭還沒有生起的瞬間。這些種種的眾生（連礦物、任何物質都是眾生，都有意識，都有生命的慧根）隨時透過瞬間、透過寧靜，和整體的生命接軌。一隻動物，不光跟自己本身沒有分隔，跟宇宙整體也沒有隔閡。不像人類，還創出另外一個自我形相。這個自我形相帶來另外一個「我」，是一個假體。但是，從這個假體出發，又好像是真的。讓我們的人生在這個軀體裡打轉，轉不出來。

這麼說，語言或是文字所帶來的任何意涵，都不重要。因為心裡不安靜，有一個起伏，才可能有念頭。這念頭，再轉成語言跟煩惱。懂了這些，就不再會追求字句所帶來的理解，因為它最多只能當一個路標。可惜的是，我們通常把這個路標當作目標。在語言文字這個路標上打轉，滔滔不絕地辯論，大作文章，愈走愈遠。

寧靜，是可以透過任何有形有相，包括語言文字、行動、講話中找回來的。跟我們身體動不動、發不發出聲音，一點都不相關。真正的寧靜，是在動作與聲音之內，同時找到一個無動、無音的性質。懂了這些，就自然知道，在任何生命狀況下，不管多忙、多吵，我們可以輕鬆看到，有另外一個寧靜的層面，在更深的層面存在。體會到這個層面，自然就會給我們一個空檔，一個空隙，讓我們看清、看透任何生活的狀況。從「有」，體會到「沒有」。

我想表達的是，「靜」跟一個人從早到晚盤腿、不講話、不睡覺、不休息，一點都不相關。我們會體會到，因為人有限的理解，透過這局限的意識，把「靜」當成了「不靜」的對立，會認為「靜」是「動」的相反。不相信的話，我們每一個人都體會過，明明身體躺在那裡不動，心裡的念頭卻像水一樣流個沒完。外面很靜，可是心裡一點都不靜。所以，這兩者是不相關的。

想想看，一個人假如可以全心寧靜，而又同時能在這人間做事，甚至透過腦思考、講話、交流互動。那麼，每一個行動是不得了的。它本身透過

19《大梵天王問佛決疑經》〈拈華品第二〉。

寧靜，我們就自然活在當下。雖然在「動」，每一個「動」都是在臣服當中而動。也就是說，還沒有「動」，一個人已經把一切的追求或是對瞬間種種的要求，都老早交出去了。

不光這種寧靜是神聖的。活在瞬間也是神聖的。就連每一個動作都是神聖的。最有趣的是，透過寧靜，這種神聖、臣服的「動」，和努力一點都不相關。努力還是透過對立而生的。比如說，我希望透過用功、做某種功課……可以得到種種結果。正是因為生活不順心，所以我要透過種種努力，來完成自己的願望。這麼說，努力，本身就是跟生命對立。

然而，寧靜中生出的「動」，完全是自然而發，從心裡流出來的。沒有一個「誰」來掌控，也沒有一個「誰」來決定。這種「動」，自然跟全部的生命接軌，自然帶出最高的創造力，所得到的結果是人間難以想像的。人類歷史最美的詩、最美的音樂、最美的藝術作品、學術上最大的突破，都是在寧靜、在無思無想的境界中，所帶出來的。

透過靜，我們自然也會發現，任何對立、矛盾自然會消逝。甚至會發現，「空」和「有」不是對立。「存在」和「動」、「做」也不是對立。就連「生命」和「死亡」都不是對立。更不用講愛、喜樂、平安都屬於生命更深

任何形相，本身就是個出口（exit），而大自然本身就是人間最好的出口。大自然所帶來的生命，本身就存在於一個寧靜的狀態。本身就活在當下。透過瞬間，跟生命完全合一。不管是一朵花，一棵樹，一隻狗，甚至我們的體內。只要我們清楚關注任何形相，不要再加上一個念頭，一個觀念。很自然的，就讓我們找回這個瞬間，存在於寧靜。這個瞬間所帶來的寧靜，就是出口。

層面的一部份，沒有外在的對立。空、存在、生命、愛、喜樂、平安都是我們最根本的狀態，並不是用任何條件組合得來的，本來就是跟生命接軌。透過寧靜，自然就存在身邊。

寧靜，或說寧靜帶來的臣服，也只是把我們對形相的注意力「挪開來」，向人生更深的層面移動。它帶來宇宙最高層面的智慧。透過這個有限的體，表達出宇宙最高的智慧。這就是古人所稱的聖人境界。其實，我們每個人都做得到。因為它跟「做」，一點都不相關。然而，卻又是我們最普遍的狀態。正因如此，莊子也曾經說過「道」是無所不在的[20]。

接下來，我會用更具體的方法，讓你找回來這個「靜」。也就是這個瞬間，也就是「這裡！現在！」。我想提醒的是，前面這些話還是很重要。因為，要得到這個「靜」，並不是透過任何作為可以帶來的。假如前面這些話，你全面投入，用心讀進去了，你已經在一個寧靜的存在，寧靜的當下。

20 莊子《南華經》〈知北遊第二十二〉。

思想典範的變遷（Paradigm Shift）

前面提過，任何歷史所留下來的重大突破，不管在任何領域，都是從無色無形的「空」所衍生出來的。不光如此，人類思想典範的變遷，也是從「空」所化出來的。所謂「典範的變遷」，指的是觀念上的大改變。要從一個有規律的系統跳出來，必須透過一個更深的層面來看、來處理，才可以得到觀念徹底的轉變。

也就是說，人間的意識狀態要轉變，一定要從更深沉的意識狀態，來解答外在意識層面所帶來的問題。這類事例，在史上屢見不鮮，包括科學相關的問題，也只是如此。回顧科學史，重大的思想典範變遷，也是透過不同的邏輯層面切入，等於是根本跳到一條完全不同的軌道上。就像幾百年前，哥白尼探討太陽、月亮和行星對恆星的相對運動，跳出了當時奉為圭臬的地球中心說，提出了日心說，為人類帶來完全不同的眼界。

換個角度來看，也就是說，只要透過人間所可以思辨出來、想出來的東西，在歷史上不可能永久存在的。很多科學和科技的發現，都會隨著時間不斷更新，也不斷流失。科學和哲學的突破，不管在當時多麼偉大，都可能在百年後，甚至幾十年內就被推翻。只有完全從無色無形的「空」所出來的，才是永恆。就像所有古人的智慧結晶，是從生命更深的層面，也就是無色無形的空和寧靜所創出來的。

我們都見過這樣的人，雖然話不多，但他從寧靜中說出來的話，會讓我們覺得很有深度。深度，也就是反映生命更深的層面。說到底，一個人要在無色無形的「空」，才能帶出生命真正的深度，而影響到周邊。甚至，未來的人。他所講的一切，跟永恆的生命完全接軌。所以，也不可能消失掉的。人類史上大聖人的智慧正是如此。

我們每一個人，在生命中，常常會得到一個更深層面的答案。在人間，我們有時也感受得到更深沉的直覺，有時候我們稱為靈感。這也都是從一個無色無形的寧靜所轉出來的。我們不能說這是理性或念頭的產物。但是，我們每一個人都知道，它本身是來自生命更大的聰明。我們也隱隱約約知道，要聽從這個更深的靈感和直覺。

比如說，我們有時候到某個地方，遇見某個人，會有一個不知道從何而來的靈感，影響了我們對這件事、這個人的決定。我們心裡也知道，這是反映了生命更大的一種聰明，我們可以稱為智慧。這是我們每一個人都體驗過的。我們本來都有。也是我們每個人都知道的。從來沒有離開過我們。

典範的變遷，觀念的轉變，也是要透過一個能量場、生命場。更要透過生命關鍵的存在（critical mass），一夕之間，影響到整體人類的看法。可以這麼說，資訊，也就是螺旋場，透過少數人的領悟的共振，而可以影響到全人類。

正因為如此，我才寫下《全部的你》。也是很誠懇的希望——透過你、我，也就是生命關鍵的存在，在人間帶來一個全面的典範變遷，帶來全人類與地球生命的轉變。

02 修行不用時間

醒覺，跟任何修行的方法不相關。

我有很多修行的朋友，不管是在家、出家、專修與否，不同宗教、學派的道友，經過幾十年的修行，往往有一個普遍的現象——追求靈性愈久，反而愈不愉快。總是抱著一個挫敗或責備的念頭。認為自己修得不夠好，或是在某些場合對某些狀況會激動反彈。不光對自己嚴苛，也許也用一樣的標準來期待別人。即使如此，還會堅持只要修得夠久，磨練到底，說不定哪天就可以成道了。這種想法，無形當中，還是認為修行離不開時間，而且做功課的時間愈長愈好。不管是學生還是老師，常常見人就問一句「你修了多久？」也就是說，無論老師還是學生，基本的假設都是「修的愈久，愈成熟」。然而，有時，修了愈久，反而生起一種驕慢，認為別人不如自己。

這種錯誤的觀念，從古至今，誤導了無數人。衍生出各式各樣的方法，從苦行到五花八門的磨練。好像基本的假設是：只要承受得住，大概也就成功了一半。這些觀念都還離不開「功夫」的境界，更離不開「我」、「動」或「成為」的觀念。好像是說一個人本來是平凡的，透過修行，他可以成為神仙、高人、上師，得到這種殊榮的成就。

然而，這種想法還是以為——「成道」還是要透過「動」、努力的追求才可以得到的。我這裡大膽地說——成道，跟任何「動」、任何作為、任何努力、任何追求，一點都不相關。道，本來到處都有，怎麼還需要找回來？甚至「成為」出來？我們其實「就是」道，根本不能「成為」。甚至，連一個「成」道的觀念都不允許。同樣，我們就是生命。我們就是一體意識。我們就是上帝。我們就是宇宙。我，就是。

進一步說，連「修行」這兩個字都是錯的。好像有一個「行」可以被「修」，甚至可以被「修到」的。「修行」這兩個字本身就帶來一個追求的觀念，好像在尋、在找。尋找必然需要時間，只能在未來完成。我這裡想表達的是，一個修行者，確實需要時間追求。直到有一天，他突然領悟到，他從來沒有跟生命分手過，他本來就是，也只是。

比較正確的說法是——我們輕輕鬆鬆把這個有限的意識，也就是「我」

讓出來。讓出來，我們本來就有的道，自然就會浮出來。因為它從來沒有動過，也從來沒有離開過我們。只要把遮住它的東西挪開，它就自然照明出來了。所以，我在這本書才會說——成道，來成道我們。道，來道我們。生命，來活我們。也是表達這個理解。

我相信，很多朋友聽到這些話，會聽進心裡去，甚至完全認同。這是因為你本來就知道這些道理，這些道理完全沒離開過你。只是，我們來到人間，一時之間忘記了——我們來到人間，困在形式、形相裡頭。

反過來，也有許多朋友，聽到這些話，因為完全同意了，而會生起慚愧、懊悔的感覺，認為自己白白浪費了好多年。其實，這還是錯誤的。因為，你一點都不可能失敗，也不可能成功的。懂這些、不懂這些，也只是如此。跟失敗、成功的觀念完全不相關。就不需要再責備自己了。這樣子，輕輕鬆鬆就醒過來了。

也就是說，修道，完全跟時間不相關。你花再多時間，再怎麼努力，也就是如此。但是，一個念頭徹底轉變，從腦落到心，修道就在眼前。從來沒有離開你、我。最不可思議的是，從一個瞬間，我們突然把人類上萬年帶來的種種包袱、種種束縛、種種結，這麼一大步就踏出來了。嚴格講，連一

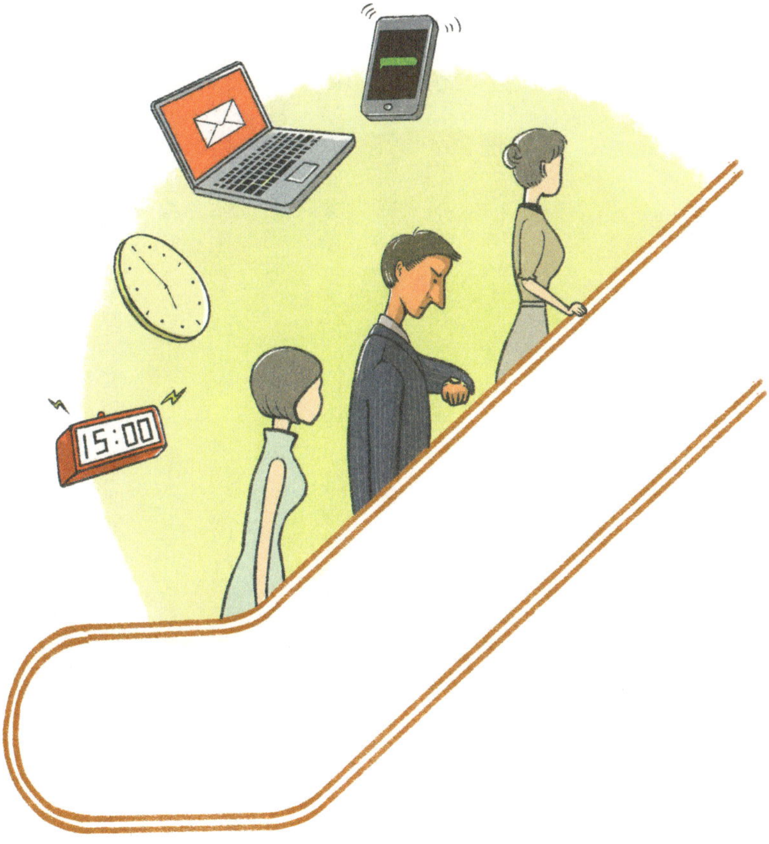

來不及了！等會要做什麼！時間永遠不夠用！——打破時間的觀念，也就是跳出人間唯一的一把鑰匙。打破時間唯一的方法，就是回到瞬間——「這裡！現在！」。進一步說，把全部的生命找回來，也只是活在「這裡！」的瞬間，或是瞬間的「這裡！」。

大步都不用跨，連「出」都不用「出」。它本來就在心中。

這麼說吧，一個人再怎麼老、再怎麼病，只要有最後一口氣，都可以醒覺過來。倒不需要時間，更不需要什麼功課。甚至，在生命快要結束的過程，面對隨時會到來的人生終點，一個人反而比較容易完全臣服，不再抵抗。全面接受自己的命運。這時候，瞬間，也就是當下，就已經在心中。

也就這樣子醒覺過來了。

這種理解，只要多半人可以接受，就會帶給人類演化一個革命式的轉變。會讓我們輕輕鬆鬆從思考的境界，跳到一個不可思議的完美的全部。這也就是人類註定的命運，任何人都擋不住，是早晚的問題。

讀到「早晚」這個詞，希望你也只能笑一下。

03 是嗎？

「我」，是任何生命痛苦的根源。

練習

是嗎？
是真的嗎？
是這樣嗎？
可能嗎？
就這樣嗎？
又怎樣呢？
還有事嗎？

這些問題，也都是最好的提醒。讓我們從不斷的思想之流中，給自己找出一個空檔，體會更深沉的意識。因為我們任何念頭都離不開「我」，離不開小我的觀念。所以，任何念頭，也只是一個觀點、一個角度。而且，這觀點是從個人小我的立場出發的。一切的煩惱，都是從小我的觀點孳生出來。包括我們對別人、對家裡、對朋友、對妻子、對先生、對環境、對工作、對任何事的看法，都離不開個人的「我」。也就是小小的「我」的觀點。

在任何場合、處境，我們可以隨時提醒自己「是嗎？」「是真的嗎？」「真有這回事嗎？」會發現，很多煩惱、煩惱的念頭就會消失。

最有趣的是，只要問，答案都很清楚。自然讓我們得到寧靜，把一個複雜的狀況簡化，縮小成最小的範圍。同時讓我們體會到——最痛苦、最痛心的經驗，也只是在那個瞬間體驗。過去，已經過去了。未來，還沒有到。更不值得去追求，去揣摩。

一個人，只要這樣子走下去，會發現日子都很好過。再也沒有懷疑和質疑心來面對這個世界。自己也不再成為受害者，也不值得把自己搞成加害者。一切都很平凡，事情發生就發生了，只好處理吧。處理了，也就是如此。再怎麼去煩惱，也只是這樣子。

有趣的是，只要一個人輕鬆走下去，會發現很多事，過去認為不順的，自然會順起來。得不到一個解答，自然宇宙就帶來解答的方法，達到一個最好的出路。我們人突然簡單了，跟著宇宙走，心裡沒有事了。

過去我常常跟同事們開玩笑——我們面對一個修道的人，也會期待他在種種行為上有些表現。同樣的，這還是用個人小我的觀點來看。認定行道者應該是什麼樣子，說什麼話，表現什麼，來投射我們個人的期待。

而我跟這些朋友、同事們說，真正的修道人，其實一般人還不見得知道，不見得懂得欣賞。因為他都是很簡化、單純、爽快，心裡沒有事。所以，在意識層面，倒不會做各式各樣的分別，也不會對任何事有各式各樣的評價，不會給人感覺精明、計較。

在許多場合，他通常是天真的像個小孩子。有時候，對事情的看法又有一個深度，我們一般人很難理解。也就是說，他活在一個沒有規律的規律，沒有原則的原則。讓我們一般人沒辦法投射，無法預期他想做什麼。他本身就代表生命最大的奧祕。就是一個生命的「話頭」。我們一般人絕對沒辦法用我們的思維去套、去歸納。

04 沒有絕對的重要！

問題到底是什麼？

在這人生的外境，在這個外在世界，當然有很多東西是我們認定很重要的。一個人有錢，有一棟好房子、好車子、好工作、好地位、好家庭，這些事當然都好重要。同時，一個人也可能遇到危機，或有緊急的事需要處理。這些事不處理，都可能影響到個人、家庭甚或更多人的生存。但是，即使如此，這些事——不管「我們」認為是好事或壞事，最多也只能說是相對的重要。都是透過人間種種條件的約束，透過社會、家庭、教育的反覆強化，才顯得這些事的重要。

站在生命的整體來看，沒有任何東西是絕對重要的。

會把某些東西稱之為絕對重要，是因為我們完全投入這個有色有形的世界。我們個人的身分老早已經和這些形相分不開，把自己和這些有色有形綁在一起。看不到周邊，更不用講看不到任何無色無形的空檔。我們大家通常就活在這種前景，反而把更大的背景、因地給蓋住，甚至忘掉了。

站在整體，任何重大的事，也就是那一個剎那發生，也就是這個瞬間。接下來，只留下過去的印象，或是未來的投射。其實，生命很簡單。瞬間，接著一個瞬間。再怎麼大的災難或是困境，過了這個瞬間，也只是如此。

練習

為了提醒自己，或把它當作一個很簡單的功課，我們可以隨時提醒自己——問題到底是什麼？

舉個實例，如果跟人有糾紛，一定會經歷很多不愉快的事情。還可能影響個人的名譽，帶來財務上的損失。或因為被責備而失去工作。或被同儕抹黑，再怎麼解釋都說不清。或我們跟親人失和，甚至決裂分手。也可能承受很多說不清楚的冤枉。遭遇很多不甘心、不可思議的委屈。

在每一個這樣的瞬間，提醒自己——問題到底是什麼？

當然，你會聽到自己的回答，問題是——糾紛、侮辱、冤枉、委屈。

那麼，你再進一步問——現在這個瞬間，問題到底是什麼？可能答案是憂鬱、恐懼，不舒服。

你再問一次——現在，問題到底是什麼？

「我還是不舒服。心痛。絕望。」

你再輕輕的問一次——我想知道，現在！這裡！問題到底是什麼？

你再這麼問下去，可能答案很單純——我正坐在這裡，呼吸。我正在嘆氣。或，我什麼念頭都沒有。

這個瞬間，其實跟任何瞬間沒兩樣，也只是這個樣子。會搞得很複雜，是我們連串了過去，投射到未來。但是，在那一瞬間，是相當單純的。

我們只要守住這一點。會發現宇宙會突然打開，把我們包容起來，引導我們每一個瞬間勇敢地走下去。走出最好、最周到的一條路。

沒有任何東西是絕對的重要！

就是這麼簡單。

05

我毫不抗拒

放過生命吧！就讓它存在吧！

我全然接受。任何形式，我全然接受。我尊重它，我重視它，因為我敬重這個形式背後的根源。這個根源，從來沒有跟我分開過。

這種不像練習的練習，也可以稱為最好的靜坐，已經把方法和結果合而為一了。因為每一個「有」都含著「沒有」。所以，從每一個形式，我都可以穿透到無色無形的意識。最簡單的方法，就是不提供任何抵抗。讓每一個瞬間所帶來的形式自然存在。形式來，形式去，好像都跟我不相關。我都可以容納，我都可以臣服，而且內心毫無衝突。

這樣子練習下去，突然，每一個形式都帶來生命，跟「我」共振。帶著我通到無限大的我。它讓我同時容納「有」和「沒有」、「形式」和「無色無形」，再也沒有矛盾。這也是禪宗六祖的頓悟法門。

有意思的是，佛教在一千九百多年前傳到中國[21]，透過六祖才真正普及。六祖當時是砍柴的，沒有受過教育，但他所留下來的《壇經》非但是中國人最高的智慧經典，也是佛教歷史中，唯一由華人傳下來，還被公認是「經」的典籍。[22]《壇經》裡面提到，六祖從五祖接下了傳承，有兩次開悟的經驗。第一次是體會到「空」。接下來，完全體會到「有」。並且體會到「空」和「有」並沒有矛盾，才大徹大悟。從這之後，禪宗才在華人世界發揚光大，開枝散葉。

因為「頓悟」就是那麼簡單。六祖當時還在的時候，禪宗就已經依頓悟、漸悟之別，分成南北兩派。「漸宗」認為不可能那麼簡單，需要時間磨練、追求才能夠得道。到現在，經過一千多年的傳承，六祖所帶來的頓悟的精神，可以說幾乎已經消失了。透過全部的生命，我們在這裡可以把頓悟找回來。隨時可以用在我們生活中。這個頓悟，也就是對全部生命的領悟。你假如可以完全接受這些話，而不生出質疑心，這就是你這一生所帶來最大的福德。它本身就是你最大的恩典。

而頓悟，或是全部的生命，也只是如下——

對每一個形式都不對立，也就自然讓「有」、「無有」，「有色有形」、

「無色無形」同時存在，消融了一切的矛盾。這樣的話，從「有」，一個人可以找到一切的「空」。從「空」，可以隨時用到「有」。一切也就安靜，一切也就涅槃。

21 佛教史上，多以漢明帝永平十年（六十七年），迦葉摩騰與竺法蘭以白馬馱經像來華，是為佛教傳入中國之年。

22 對我而言，「經」(*sutra*)，也就是一個聖人站在最寧靜，從內心所轉達出來的智慧。透過「經」的每一句話、每一個角落，都可以把讀者帶回到瞬間，跟生命完全接軌。經句的文字含義，本身已經不重要。這些字句本身就是活的。一部經，並不受限於邏輯，也不離邏輯，本身是圓滿的。就是最高能量所帶來的螺旋場，讓我們輕鬆地旋入我們的本性，也就是一體意識。反而「論」(*shastra*)還帶來客體和意識，是針對某一部經的一點做說明，讓我們左腦、邏輯腦可以理解。

06

對生命，對一切說「好！」

這裡，帶給大家另外一個練習。也就是——遇到任何事情，心裡說「好！」。這種肯定，也可以用別的方法表達。有些人可能更願意說OK!、YES!。也有人認為「行！」或「就是！」、「謝謝！」比較好。總之，是要表達——面對一切的變化，不光是可以接受，雖然心裡不舒服，試試看還可不可以再進一步——歡迎它！

進一步說，它也是來表達——我清醒的選擇這個瞬間。也是進一步來表達——我是主動而清醒的決定接受這個瞬間、任何瞬間。再進一步說，它也是來表達——我完全同意生命、宇宙所帶來的這個瞬間的變化。假如我可以選的話，我也只會選這個。我可以對生命的全部完全認同、完全接受、完全肯定。

我們一起來試試看：

練習

早上一起床，說「好！」

刷牙、照著鏡子，說「好！」

打理東西，要上班，說「好！」

對一切，「好！」

坐捷運、搭公車，對上下車擁擠的人群，都「好！」

走路上班，樣樣都「好！」

一天的每一個互動，在每一句話中，無論是說還是聽，都「好！」

中午、晚上要吃什麼，在吃的當中，樣樣都「好！」

有念頭，甚至煩惱，「好！」

情緒浮動，受到人刺激，「好！」好的磨練。

受到委屈，別人突然不禮貌，「好！」

家裡有狀況，心裡不舒服，還是「好！」

憂慮明天，擔心種種家裡和個人的安排，知道了，也就「好！」吧！

跟伴侶鬧得不愉快，曉得自己心裡不舒服，也就承認「好！」吧！

處理事務，好好壞壞，都「好！」

任何心裡的境界，不管什麼感觸，都「好！」

念頭，任何浮動，粗的細的，高低好壞，樣樣都「好！」

不管面對什麼危機、什麼突破，內心一定會激盪。試試看，透過樣樣都「好！」找出生命的空檔。借用這空檔，帶著我們一一看見展開來的瞬間。

一天下來，樣樣我都可以說——「好！」OK! YES! 行！沒事！好極了！

我相信，只要你試著做，你會發現，那麼簡單的方法，只要做，就可以帶來平靜。讓我們自然跟生命接軌，可以讓我們度過人生最大的危機，甚至災難。它也可以同時把最遺憾、最美好的事看穿。讓我們充分理解，人生種種的變化還是在外界打轉。再怎麼好，也只是如此。再怎麼壞，也只是如此。站在全部生命的角度來看，都不成比例，從來沒有離開過我們生命的根源。

活著種種的變化，對樣樣事情說「好！」，也就是欣賞它們。

活在瞬間，而覺得每一個瞬間都好。也就是輕輕鬆鬆的觀察到每一個瞬間，活出每一個瞬間的美。壞事，可以活出瞬間的美。好事，可以活出瞬間的美。好好壞壞的美，其實都差不多。

這就是平等心。

平等心，說的不光是人與人之間的平等，更是人對待經驗與經驗之間的平等。也就是說，不管我們體驗一個人、一個東西、一件事——這些種種的經驗，在我們心中都是平等的，也只是透過這個瞬間化現出來的。而我選擇——歡迎每一個。這，才是大平等心。

這個方法，也是最有效來面對修行種種變化的祕訣。很多人透過靜坐或其他修練，會有一些意識上的轉變，讓他有樣樣的體會。這一關很不容易穿越，人很容易被這些體會、這些境界綁住。包容每一個經驗。甚至透過「好！」來歡迎。也就是不用再去期待，更不用講追求任何境界。任何境界，只要可以表達出來的，本身在意識上就是一種阻礙，都還落入一個概念的範圍。

這也就是——對「境界」最好的解答方法。

07

存在，我只是這樣

在任何狀況下，我選擇寧靜，而寧靜自然帶來平靜。

要體會到全部的你，比什麼都簡單，比一口呼吸還容易。什麼都不用做，就輕輕鬆鬆存在，就對了——所以，我坐在那裡，吸氣，吐氣。吸氣，我知道。吐氣，我知道。哪一個部位動，我都知道。我都不去管它。我都可以接受它，都可以容納它。甚至，我連「接受」這個動作都是多餘。懶得提出來任何要求，放下任何期待。

用這種簡單的方法，什麼都不用做。把自己落在一個又輕鬆、又清醒的知覺。不用再加任何解釋、說明、干涉，就把最深意識層面的寧靜找回來了。這種寧靜在任何場面都會帶來平安。自己平安，別人平安。就沒有什麼好計較，也不會帶給別人任何衝突。

在任何情況下，自然會選擇最溫和、最圓滿、最平和的方案跟互動。

「存在，我只是這樣」也是含著一個全面臣服的觀念。讓一個人可以把自己交出來，交給宇宙。這是最大的信仰。在瞬間中，一個人能把自己交出來，連死亡都不怕，那也差不多到了。他已經從人間跳出來，把天堂帶到地球。

「存在，我只是這樣」也含著這個意思——這種信心，也表達出對宇宙完全的信任。知道這個宇宙絕對不可能犯錯。完全不可能犯錯。任何人間所認為的錯誤，其實，從全部的生命來看，這些「錯誤」不見得是錯誤。它本身很可能帶來

一個人一生好像一個漫長的旅程，他走的左搖右擺，有時還迷了路，但最後還是會到家。站在整體的角度來看（圖右方的方格，是從更遠的距離來看這一趟旅程），一個動作都不會浪費掉，早晚都會回家。這個一體意識是永恆存在，超過我們人可以想像的奇妙。順著它走，不要再帶來對立，是我們這一生要做的功課。

更深層面的意義，只是我們還不理解。

「存在，我只是這樣」也是對生命最大的尊敬。也就是承認，每一個瞬間，都是我清清楚楚選它的。也就是說，假如有任何瞬間可以選，我只會選這個瞬間。它也不可能是別的樣子，因為我已經選擇了。快樂，也是我選擇的。最悲傷的痛苦，也是我選擇的。人生的苦難，也是我選擇的。我對瞬間再也沒有矛盾，再不可能帶來任何對立。

勇敢地走下去，勇敢的接受一切。自然會發現生命的任何安排都不是隨機，都不是偶然。都是在整體上老早就規劃好的，不可能走偏一點一滴。這樣子，人間再怎麼不順，不順的念頭可以化掉。知道在更深的層面，宇宙其實帶來種種的安排。我只是不知道，也不需要知道。輕輕鬆鬆走下去就好了。

完全可以容納「不知道」，可以輕鬆地活在「不知道」，而沒有任何矛盾。一個人，也就這麼從人間走出來了。

我前一陣子在科羅拉多州的波德市，遇到一位流浪漢，坐在一棟樓房的外頭。雖然我看得出來他是遊民，但他身上所散發的喜樂光明，讓我很難不注意到。我忍不住問他「你的家在哪裡？」他說「全世界就是我的家。」

講的人開心得流淚，聽的人也很感動，紅了眼眶。我把身上的錢給了他，和他抱了一下。他沒說話，我也沒說話。這短暫的會面，卻是彼此都能理解的。也只是這樣子。

08

"Oh"——喔，是最好的靜坐法門

全部的你，是全面的靜坐，甚至是不在靜坐的靜坐。

懂了這些，自然就不會再問靜坐的方法，或是靜坐的技巧。我這幾十年教靜坐，有機會就跟大家分享。想把靜坐帶到一個領悟的範疇，跟一般所教的正好相反。也就是說，一般人都停留在方法，或著重於靜坐的過程，甚或追求某一個境界。會對這些境界有所期待，又很想跟同道分享。

這些朋友所提出的問題，都還是停留在形相的層次。比如說身體哪裡不舒服，有哪些感受，有哪些動作，有哪些情緒上的轉變。有些人會覺得特別的舒服，經驗到身體的突破，或心理的感動。分享的問題和內容都在這上面打轉。還有些人根本連靜坐都沒靜坐過，卻老問萬一走火入魔怎麼辦。

我多年來，聽到了這些朋友的疑問，也不知道該怎麼答覆他們。他們所關注的還是停留在外在的生命，反映的全是外在生命所帶來的變化。還是代表人類整體無意識的昏迷。好像，一說到靜坐，反而忽略掉靜坐是為了什麼，忘了我們究竟為什麼來靜坐。

練習

我這裡，想為你帶來一個簡單的方法，也就是，在一天中，遇到任何事，這麼回應「喔～」

碰到再好的事「喔～」

再不好的事「喔～」

再煩惱的事「喔～」

再大的災難「喔～」

帶著這個「喔～」，輕輕鬆鬆看穿外在世界種種的逼迫。充分理解樣樣的形相都離不開腦海裡念相的運作。再怎麼刺激，到最後還是個大妄想，靠不住。這麼說，透過「喔～」可以完全容納一切，把生命的空檔自然找回來。我，就是空檔。我就是瞬間。我就是生命。我也只是——「喔～還有事嗎？」

我們每一個人都活在人間的表面，也就是人間的前景，離不開念頭和情緒。我們把念相當作真實，忽略掉更深的層面，也就是生命的背景。站在這個背景，沒有波浪，都在寧靜當中。看著一切，最多也只能表達「是嗎？」或「喔~」。

這樣面對再大的事，自然找回人生的空檔。無論什麼形式，看起來多急迫，也不會被帶走。能隨時連線到自己，就不會迷失自己。這樣子——大事、小事、好事、壞事、喜樂、痛苦，用平常心去面對。過了那瞬間，也就淡化，也就消失了。

練習

這樣子說：

「喔？」

「喔～」

「還有嗎？」

「還有事嗎？」

09 聽，聽，聽

仔細聽——沒有聲音的聲音。

這可以說是最有效的大法門，讓我們直接去體驗對全部生命的理解。

聽，聽，聽。也代表說——我們是用心來聽這個世界，便給了這個瞬間的種種形相一個空間。透過這空間，我們把人生的空檔隨時找回來了。隨時把這個空檔帶到人間。

醒覺的聽，也就是——把最深沉的寧靜帶到外在世界。讓我們透過萬物的現象，包括任何的念相，自然回到空檔。我們也就讓每一個念相、每一個形相自然生出，自然消失。

聽，輕輕鬆鬆的聽。聽，而沒有反應，或任何反彈。它本身就是人間為我們帶來的最好的心轉變的方法。

聽，醒覺的聽。就是——把每一個聲音帶回到整體的我。清清楚楚知道，我聽的東西和我從來沒有分離過。它也只是這個人間、這個世界、一體意識所化生的一部份。

聽，專注的聽。不是把話的意義聽出來，更不是進一步分析、歸納、結論。我所講的「聽」，是最原初的聽。只是用最純、無條件的意識，讓我們把專注帶到任何客體——任何發出聲音的東西。甚至沒有出聲音的東西。有趣的是，這種聽，倒不是靠耳朵或聽覺器官來聽。它是比這個聽，更前面一步。這才是寧靜所帶來的聽。這種聽，跟這個瞬間分不開。這種聽，也就是一切的容納，一切的臣服。這種聽，本身就是生命。本身就是醒覺。

這也是東方所稱的觀世音菩薩的大法門。

輕鬆的聽。只有聽。不產生任何念頭、任何觀念，自然就把這瞬間找回來了。當作一個練習，我們可以先接觸大自然。輕鬆的聽，每一個角落的聲音。只要聽就好了。聽什麼，倒不重要。什麼聲音、甚至沒有聲音，都好。讓大自然本身來當最好的老師。

只要記得這一點，除了人以外，全部大自然所帶來的生命，包括鳥、松鼠、蟋蟀、青蛙，甚至植物和水、風、空氣、大地等等元素，都本來就活在這個瞬間，呈現豐富的意識。只是這個意識和人類的分別意識不同。大自然，本來就活在「這裡！現在！」。接觸大自然，自然就讓我們體會這個瞬間。也因為這樣子，我們每個人才喜歡接觸大自然。大自然，也是我們的上師。

假如大自然可以當我們最好的老師，教我們用這種方法面對生命。其實，人間每一個角落都可以成為老師。也就是說，我們碰到一個熟人、親人，也輕輕鬆鬆就讓他存在。讓任何「動」存在吧。不要產生觀念所帶來的反應，甚至反彈。這樣子，輕輕鬆鬆可以站在人生的空檔，來觀察到每個動態、每個動作。

同樣的，我們所遇見的每一個陌生人，也可以成為我們的老師。無論在哪一個場合所遇到的陌生人——服務生也好，司機也好，清潔工也好。在那個瞬間，我們可以全部把自己交出來，專注於互動。就算是幾分鐘，甚至幾秒鐘，可以讓一切回到這個瞬間，也就夠了。一個瞬間，接著下一個瞬間。我們自然會體會到什麼是平等心。也就是說，一切的人生經驗，好壞，順不順，美不美，都跟我不相關了。回到瞬間，我一切的主張、判斷，也就自然消失掉了。

接觸大自然，每一個角落都是這個人間的一個出口。讓我們進入人生的空檔，接觸到無思無想的我。讓我們自然活出全部的生命。聽，只要聽，就有那麼大的作用。注意，可能你聽，接下來馬上就對所聽到的音聲做一個心理的評論。去歸納或分析——「咦？這個聲音是哪一隻鳥的？是成鳥？幼鳥？公鳥？母鳥？胖鳥？瘦鳥？停著？還是飛著？」多麼可愛呀。念頭的水流就這麼流呀流呀，停都停不下來。

反過來，可以聽，而單純的聽。聽，就是聽。

醒覺，也只是讓無色無形的光，全面照透我們。透過我們，再照亮這個世界。也就是說，「我」的形相再也不跟任何瞬間對立。就輕輕鬆鬆，讓生命活著我。我在身邊所遇到的一切，不管是一朵花，一隻動物，或其他的人，也同時享受到這無色無形的光明與溫暖。我們就變成宇宙最大的恩典。

不用再加另外一個頭，甚至另外一個點，這就是全面的聽。在一個瞬間，透過一個聽，可以把全部的生命找回來。就連「找」都是多餘的。沒有地方可以找。因為全部的你、全部的生命就是我。沒有任何動作好談的。任何動作——找、到、甚至存在——都跟全部的生命拉開了，又產生了一個主體和客體的區隔。全部的你，是包括一切。沒有人在找尋，也沒有東西要被尋到的。它就是那麼神祕。

活在全部的聽。不光是人間每一個角落都成為我們的老師，而我們本身也變成——為人間帶來的最大的恩典。

回到聽，我們也只是完全不干涉一切無色無形所創造出來的聲音。我也就讓這個聲音，通過我，流向這個世界。對任何聲音，沒有干涉，不加以阻礙。沒有阻礙，我們也就融化在這個聲音中。也只能讓這個聲音為世界歌唱吧。這麼說，我最多，也只能讓光、聲音、種種形相、種種「動」完成它們本身或許想完成的最大的目的。這樣子說，我只是知覺。連知覺「什麼」，或「誰」在知覺，都不用再談下去。

動物，很單純，活在瞬間

我住的地方附近，有一家Starbucks，是我每天早晨跑步的折返點。跑到那裡，做做體操，就回來。

幾年前，在那裡遇到一位五十歲左右的女士，帶著一隻略顯嬌小的德國狼狗。這隻狗第一次見到我，就跳到我身上。兩隻前腳踏上我的肩膀，後腳還不斷地往上跳，要抱。像小孩一樣，一直往上撲，又親又舔，還不時發出嗚嗚嗯嗯的撒嬌聲音。這成了牠和我的見面儀式，每次總要持續幾分鐘。

牠的主人很不好意思，一直跟我解釋——這隻狗一直都很有教養，從沒見過這個樣子，不要說四隻腳跳到人身上，連兩隻腳都不會。她還說「一定是你帶著手套，牠聞到什麼味道，才這麼興奮。」我把手套脫了，狗還是粘著我不放，這位女士繼續忙不迭的道歉。

狗也沒事，我也沒事。就像兩個好朋友很久沒會面，沒有別的什麼念頭，在那個瞬間欣賞到彼此、看到彼此。牠親我，我也親牠。也就是這個樣子。

接下來，每一天我去那裡，好像就是為了跟狗會晤。狗總要跳個幾分鐘。女士持續幾個星期不斷道歉。到後來，女士忍不住就問我，可不可以也抱她一下？

當然可以，我給了她一個大大的擁抱。馬上體會得到她人生有很多鬱結，很多不愉快，很多煩惱。於是，我也透過這個機會，給她幾句安慰的話。沒有想到，接下來，每天早上，狗和主人都在等著我和她說幾句話，她還找了幾個朋友來一起聽。最有趣的是，狗好像在幫我留意時間，我想走的時候，就會來舔我，好像來提醒我——該走了。

我會提這個小故事，是要表達——生命本來是很單純的，樣樣都很單純。

只要我們投入這個瞬間。生命沒有事，一切是平靜的，連一個波浪都沒有。是我們人透過思考，造出種種的波浪。

我們投入這個瞬間，不光一隻狗，任何動物，比如說一隻鳥，一隻松鼠，一隻貓，蝴蝶，甚至海豚，都會想跟我們接觸。都從他們所活在的瞬間，和我們所活的瞬間接軌，也就是生命的接軌。透過每一個動作，動物的動作，我們的動作，也只能體會到愛——大愛。

10 笑，微笑，會心一笑

笑，這個簡單的動作，它已經包括很多不同的領悟。笑，尤其微笑，它帶來一個平安跟臣服的理解，對這個瞬間有一個更深沉的體悟。也同時帶出一個接受、容納的態度。

對每一件事情，都可以打從內心深處帶出微笑。也就是肯定每一個瞬間所帶來的變化，而可以看淡或是看穿任何人、事或東西的外表。

透過微笑，我們可以輕輕鬆鬆肯定生命共同的本質。也就是——每一個人、每一件事、每個東西、每個人間的狀況都有的本質。知道有這個本質，甚至可以隨時看到它，我們最多也只能用一個微笑來表達。用不上語言或任何其他的作為。這種微笑是有深度的，它是智慧自然流露出來的。它本身是一個橋梁，把內在世界跟外在的一切串了起來。讓我們隨時跟宇宙做一個親密的溝通。提醒自己，提醒一切——我們就在家，也同時沒離開過這個家。

一個人微笑，而另一個人也回以微笑。中間自然有一種溝通、一種交流，是語言或任何其他方法達不到的。它是表達最深的領悟。它本身就已經接納了生命的空檔。它透過空檔，在向對方表達更深的善意、關懷，也就是愛。會心一笑，這樣的靠近，遠遠比身體的接近，更能夠表達愛。會心一笑，能超越男女、種族、膚色、不同外表、不同身分……帶來的隔閡。

我們也許曾經有幸見過這樣的人，他透過微笑，表達人生最高的境界。這個微笑，本身就是生命最高的恩典。這個微笑，跟生活的狀況好壞沒有直接的關係，是不受任何條件限制的。也就是說，好事，我們也可以微笑。遇到不好的事，我們也只是這樣微笑。兩個狀況，對微笑的人來說，都是平等的。

透過微笑，把好事、壞事、不好不壞的事都看成一樣，都不去區隔。我們一生如果見過這樣的少數人的話，會很難忘。

反過來，我們也都見過這樣的人——他被人間眼前的種種物質形相困住，對樣樣都過度認真。總是皺著眉頭，什麼都很當回事。窩囊自己，窩囊別人。把人生看成一連串問題，而隨時透過自己一臉的憂鬱，把問題擴散給自己和周邊。這些人（也許正是我們自己），不管在家、在工作環境、在任何場合，我們每個人都見過。只要一想起這樣的人，就讓我們覺得不愉快，不想靠近，不想接觸。

我常開玩笑，一個人，如果可以笑自己，而不要把自己的身分和責任看得那麼重要，還有一點希望，還有一點生命的空檔，還可能從人間的煩惱走出來。所以，其實我們也可以選擇，對自己、對生命的一切，可以透過微笑，為外在世界和內心世界搭一座橋梁。用這麼簡單的方法，就把全部的自己找回來。

可以隨時微笑，也就是透過這個行為提醒自己——生命不光只是眼前或人間帶來的種種煩惱，還有更深的層面隨時存在，隨時在等著我們。透過一個簡單的微笑，我們就把生命的內在帶回到眼前，帶回這個瞬間。它本身就是那麼簡單，也是那麼重要。

接下來，我們就採用這種練習吧：

練習

早上一起床，微笑。

刷牙、穿衣服、吃飯、綁鞋帶，對自己的每一個動作，微笑。

上班，下班，在路上，對每一個人，對樣樣事情，會心一笑。

一天所面對的人，對每一件事，都找到一個空檔，對自己微笑。

吃飯，不要急匆匆吃下去，用微笑，做一個肯定和感恩的功課。

見到人，甚至對陌生人，微笑，用微笑表達你對他的理解和尊重。

對樣樣事物，好好壞壞，我最多只能微笑。知道它們還是外在世界所帶來的。

面對任何感受，再不好過的，我們也只能微笑。透過會心的一笑，來表達我們全部的接受，以及對生命完全的信任。

對每件事、每個人、每個東西，我都微笑。並同時欣賞到生命在每一個角落所綻放的美。

睡覺，最後一個念頭，我還是微笑。用微笑，跟生命、跟一整天做一個最高的頂禮。

11 就讓感受存在

看著感受，放過感受，也就輕輕鬆鬆從人間走出來了。感受，是生命解脫的大門戶。

讓感受存在，是最難的一堂功課。我相信——你讀到這些，可能會認為自己的這一生都是一個痛苦的經過。你個人的故事，本身就是一個大悲哀。面對種種的損失——學業的不順，被同學、朋友排斥，事業的失敗，家庭的糾紛，親人的離去，分手的痛苦，關係的決裂，人生的失敗……這都帶來悲觀的人生態度。想到這些損失，心裡都會窩緊，感覺人生不完整，缺少了很大的一塊。

你接下來可能想問——我就是對人生有悲觀的感觸，要怎麼把全部的生命找回來？我面對這些創傷都來不及了，隨時佔據我全部的注意力，讓我走不出來。

面對這樣的朋友，我通常會這麼回答——那就讓感受存在吧！感受吧！

就讓每一個感受，甚至一丁點都沒辦法承受的感受，就讓它存在吧！把你一切臣服、送給這個瞬間所帶來的感受。也許你在哭，在掉眼淚，就把自己交給淚水吧。你在為這個失落哀悼，就把自己交給哀悼吧。沒有必要作任何抵抗，更沒有必要作任何分析、任何責備。

痛、失落、哀悼……一切，我都可以接受，我都可以容納。它們也只是我的一部份。我跟痛，我跟失落，我跟哀悼，其實也沒有分離過。看著它，體會它，接受它，就這樣子。試試看。接下來，有什麼轉變，也不要去追求。這些感受也可能繼續存在，就讓它繼續存在吧。

就讓感受、任何瞬間所帶來的一切存在，就是最好的方法。它是沒有方法的方法。因為它本身就已經讓我們進入全部的生命。只是實現我們的理解，實現我們的領悟。這個領悟，不是透過任何練習，所能帶來的。

任何災難，任何損失，都含著一個恩典的新芽。透過損失，重大的損失，不可接受的損失，比如說個人的災禍，我們都可以把真正的我，也就是無我，找回來。通常，大的損失，會把我們的注意力極端的帶到一個點上。

透過這種注意力的集中，自然讓我們找到人生的奇點，也就讓我們超越。超越，也只是活在瞬間——「這裡！現在！」。

從人類歷史看來，許多修行的大成就者，都是透過想不到的變故，甚或災難，而找到了生命的空檔。透過這個空檔，跳出來。可以說，任何災難，不管多大，還是形相組合的，還只是在這個外在的世界停留。也還是透過種種條件，也就是透過因果組合的。一個人被逼進了人生的死角，沒有地方可以躲。也可能突然從有條件的意識，跳到無條件、最源頭的意識。領悟到一切。

同時會體會到，面對人生的危機，那種「無處可逃」的感受，也還是自己所帶來的對立。一切的對立都消失掉，意識的門戶自然就打開了。就讓無限大的意識、無限大的生命洶湧奔騰進來。

這麼說，修行，也只是跟瞬間不作任何對立。

也就是說，任何生命的損失，也只是一個意識轉變的機會。它本身就是恩典。

一般人，把生命都當成一連串的問題。也有些人把生命當作煩惱的兩難——怎麼做，都不好。怎麼做，也離不開憂鬱和悲傷。讓情緒存在，也就是讓生命存在，也就是讓大大小小的問題存在。試試看，隨時回到瞬間，這些大大小小的問題也自然會轉變。不是完全消失，要不就不成比例了。

這裡！現在！——你就讓樣樣存在吧。

12 一個醒覺的呼吸，一個醒覺的一步，也就夠了

沒有結果好追求的，自然就醒覺了。

完全投入這個瞬間。把注意力全部集中在這個瞬間。也就是「這裡！現在！」。一個人自然就會完全投入呼吸，完全投入走路，完全投入一切。這也是靜坐，是動態的靜坐，也是最好的方法。這樣，我們把每一個動作當作人生最後一個動作。呼吸，也是最後一個呼吸。走路，也是最後一步。走完，就沒有了。沒有下一步，只有這個瞬間。這個瞬間帶來的一口呼吸，一個步伐，也就是這樣子。

也可以說，我們就讓這個呼吸存在。呼吸，來呼吸我吧。

沒有下一口呼吸好呼吸的。這個瞬間的呼吸，就是活的。它本身就有生命。它本身就是一個大的門戶。讓我透過人生最後一口氣，回到無思無想。

走路，散步，甚至工作，也可以當作一個最好的工具，意識轉變的工具。把這一步，當作我人生最後一步。假如接下來沒有第二步，還有什麼好計較。更不用講，還有什麼好思考，還有什麼問題。

同樣用這種方法，面對每一個瞬間。自然就發現，眼前的這個瞬間，就已經表達生命的一切。它本身就是人生唯一的目的。也就是說，「做」任何作為，就是透過這個瞬間完成它最大的目的。

只要體會到這一點，最不可思議的是——連念頭也就自然減少了。就算不減少，在任何瞬間的起伏，也就在那個瞬間消失。我們也把它當作生命最後一個念頭來看，不帶任何阻力，只是容納它。我們連念頭都不去阻抗，它自然會消失掉，讓我們輕鬆的回到這個瞬間。

反過來，我們會發現——「我」、念頭、甚至任何形相，容納不了瞬間，自然會消失。它承受不了，不能在瞬間的光明和力量下繼續存活。

只有透過瞬間，一個人才可以把生命更深的層面帶回來。透過生命更深的層面，才可以把無限永恆的我找回來。所以，瞬間，就是智慧，就是最高的聰明。遠遠超過「我」所帶來的人間的聰明。

把自己交給瞬間。也就是相信宇宙、相信生命遠遠的比我們更聰明。

這個聰明是活的，跟整個宇宙是結合的。任何人生所發生的事，都要透過這個瞬間來呈現。我全面接受一切的呈現，它本身就成了「瞬間的靜坐」。

透過這個瞬間，我們會發現，一點一滴都加不上去，也減不下來。每一個瞬間老早已經是完美了。它就是，也只是，不可能不是。就那麼簡單。也是人生最深的領悟。其實，連「領悟」、「深」或「不深」這種用詞都不正確，都是在頭上另加了一個頭。反過來，應該說——我就是全面領悟。全面領悟，就是我。是生命來領悟自己。也可以說——生命透過我，領悟一切。

懂了這些，就醒覺過來吧。

13 每一個瞬間，都是神聖的

把這個瞬間，當作最後一個瞬間。

活出來這句話，本身就是最好的練習方法。不用再多加說明。

也就是說，因為我清清楚楚知道——一切，也就是。也不可能不是。——宇宙絕對不可能犯錯。我也只能透過這個瞬間，任何瞬間，表達我最高的敬意。也就好像，面對每一個瞬間，我在心裡默默的合掌，致上我最謙卑的頂禮。即使讓那個瞬間來活我，我也沒有任何看法。沒有任何阻力，沒有任何抵抗，沒有任何對立。什麼來，我都可以完全接受。

也就把這個瞬間當作我的最後一個吧！

也就讓我在這個瞬間「死」掉吧！

讓我全部投入，投入到底。沒有任何追求，沒有任何期待。讓我的一切，在那個瞬間消失。不是我進入那個瞬間，而是反過來，那個瞬間已經來活過我了。

我也輕輕鬆鬆，讓那個瞬間帶著我，活過這個人生。

這麼說——

練習

每一個呼吸，都是神聖的呼吸，也是我最後一口呼吸。

每一個念頭，都是神聖的念頭，也是我最後一個念頭。

每一步，都是神聖的一步，也是我最後一步。

每一口飯，都是神聖的一口，也是我最後一口。

每一個動作，都是神聖的動作，也是我最後一個動作。

我看著每一個瞬間生，也看著每一個瞬間死。我完全投入。知道是我最後的一生。

這樣子下去，全部的生命就活起來了。我每一個細胞都活起來。我每一個行動都是神聖的。我跟生命再也不分開了。我全部，活在當下。

也只有當下。
當下，就是我。
我就是當下。

14 感恩的練習

感恩，也只是知道——生命和我從來沒有分手過。

雖然，多年來，我在很多場合，包括在《真原醫》這本書中，都提過感恩的練習。但是在這裡，我要再強調一次的原因，是因為它是人生最重要的一堂課。它本身，把靜坐的方法、過程和結果，完全合而為一了。我們這本書所講的全部的生命，透過這兩個字——「謝謝！」，一切都表達出來了。

我也相信，透過這本書所帶來的完整基礎，你今天面對「感恩」或「謝謝」兩個字，所能體會的深度，也會是截然不同的。

感恩，也只是一個輕輕鬆鬆的提醒，讓我們隨時體會到生命的根源。這個生命的根源，也就是無色無形的一體意識，從來沒有跟我們分手過。它本身就是我，而我本身就是它。宇宙的萬事萬物，跟我也從來沒有分手過。

感恩。也只是代表我們對生命一個全部的相信、全部的接受、全部的肯定。

「謝謝」。這兩個字，是對自己的讚美。感謝自己，也只是感謝主，感謝宇宙，感謝生命。也只是提醒我們，我們和一切所見到的自己、別人、事情、東西是不可能分開的。

「謝謝」的功課——不管遇到多大的困難，或誰讓我們不愉快，從早到晚，也只是帶領我們作一個全部的接受、容納、包容、臣服。它是最直接的方法，讓我們回到寧靜。透過寧靜，找回這個瞬間。

假如我們在任何場合或狀況下，都可以說「謝謝！」。也就是說，我們已經看穿一切，把自己的生命臣服出來，交給宇宙。「謝謝！」這兩個字，就是有這麼大的力量，有這麼深的意義。

雖然我來教這個功課，已經幾十年了。我很高興的是，只有在這裡，我才能夠澄清這兩個字所帶來的意義。過去，沒有《全部的你》所帶來的基礎，只好透過最簡單的方法來表達，省去自己和別人「不必要」的說明。

你可能還記得，我過去談過四個心靈聖約，也就是「感恩、懺悔、希望、回饋」。這是因為，在人間，每一堂功課，不管是感恩、懺悔、希望、還是回饋，都有它轉動的力量。都是不能小看的。但是，我必須要講，感恩

（謝謝）還是最根本的。它本身就可以帶動一切，而帶給我們生命最重要的基礎。

再重複一次，面對每一個生命所帶來的變化，從早到晚，從醒來第一個念頭，到入睡前最後一個念頭，透過兩個字「謝謝」，它就讓我們得到人生最高的境界，最完美的結果，最有效的禱告。

謝謝。

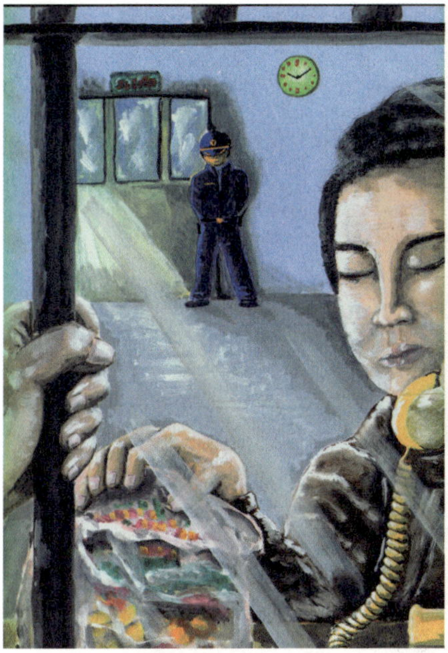

2011年成人組佳作（受刑人）

2007年特殊組第一名 林暐智

感恩，也只是帶來人生最大的恩典。前面在〈到處都是恩典〉曾提過，我們多年舉辦感恩創作活動。透過這個活動，每年邀請三千多所中、小學，以「感恩」的主題來表達孩子的內心，已經有四萬多人參與。除了學校以外，我們多年來也在監獄推廣，讓他們有機會表達內心的反思，以及他的人生經歷對他的啟發。我在這裡選四幅圖，讓各方朋友的作品來傳達他們的感恩故事。第一張的作者是一位有先天疾病的小朋友，他在畫中擁抱長年照顧自己的媽媽，表達感謝。接下來三張是來自受刑人的作品，分別表達這段滄桑經歷為家人造成的傷痛和懊悔，對親人相處時光的懷念和祈望，以及回饋人間的心願。

2012年成人組佳作（受刑人）

2012年成人組佳作（受刑人）

同樣的，針對「感恩」這個主題，我也希望把之前在《聯合報》專欄發表的文章在這裡分享出來，以表達這個題目的重要性。希望再一次，用不同的語言、不同的角度，陪你進入另一個層面體會「感恩」。

此外，我在這篇文章還提到了「讚美」的重要性。由於這個主題在《全部的你》並未特別著墨。所以，也希望透過這篇專欄文章做一個補充。其實，一個人活在全部的生命，也只能讚美一切，才可以把生命的奧妙找回來。

最後，我希望——假如你可以接受這本書、這篇文章所表達的觀念，同樣的，也會跟身邊的人分享。

讚美、感恩與愛

2014.06.15 刊登於《聯合報》專欄

常有人希望我能把這輩子學到的人生功課，濃縮成三個觀念。真要這麼做，我會說那是——讚美、感恩與愛。

為什麼是這三個？

讓我們一個一個來，相較於過去的解說，這次可能會讓你耳目一新。

我們先談讚美。

讚美源自於這樣的體悟：明白在廣闊的宇宙裡，沒有任何一物生來就是完美無缺的。讚美帶著一種篤定，深知儘管生活不免漣漪和風暴，仍蘊藏著圓滿的無限可能。讚美也蘊涵了一種真知，體會到生命中無論大小事，包括一言、一行、任何一幕，都不會是徒勞的經歷。讚美是最終的信仰，讓我們明白此生經歷的一切，是在我們出生前就已註定的完美安排。

你會明白，這些道理談的不是這具血肉之軀和物質層次，而是談意識層面，一種永恆不滅的意識。這一意識在我們進入這具軀體前早已存在，即使我們離開肉身，也恆常如新、未曾動搖。我們的意識向外投射，映現在所見的萬事萬物。就存在的這個層面來說，我們就是意識，層層疊疊投射交相映於浩瀚宇宙中，無所不在的同時，其實也不存在。也可以這麼說，這一生，我們不過是化為肉身的意識，為了學習生命的功課而來，因為唯有當無限（意識）與有限（肉體生命）交會，我們才能經歷人類的成長過程。學會了這堂課，下一個人生功課已經在前方等著我們了。

在你我具體化現為肉身前，早已為來到生命裡的人設定了他們的角色。我們身邊的每個人——包括配偶、父親、朋友、同事，沒錯，甚至仇敵，都是為了教導我們某個人生功課、幫助我們學習成長，而事先安排的角色。從這個角度來理解，我們會頓悟出萬事萬物所涵藏的究竟圓滿，就連最絕望、最低潮的人生片刻，都能從中瞥見生命脈絡的無懈可擊，開始欣賞構成你我人生藍圖的完美規劃，因它就連最微不足道的點點滴滴，都包含在其中。

無論遭遇再艱困的人生功課，只要記住這點，理解背後設計的奧妙，以及我們將學會的人生功課，自然會讚嘆那更高的大我。我們會在花的綻放中看見圓滿，在風雨天若隱若現的雲朵裡瞥見圓滿，甚至在令我們心碎的人身上見證圓滿。讚美，是一種不帶任何條件和預設假定的心態，能在生活的大小事中看見圓滿。讚美是你我向上揚升、通往圓滿之念的整體展現，讓我們順服當下的生命之流，既不費勁，也不製造任何阻抗。

感恩，源於我們在人生中得到的無條件信任，深知這些人生功課全是為了我們的學習而安排，而對來到眼前的人事物懷抱感念之心。感恩，是真心欣賞生命的一切已知與未知。感恩，是相信眼前的一切無論圓滿與否，全是為了我們的利益，而且只為我們的利益而來。感恩也是豐盛之心最究竟的奧祕，因為，只有感恩的心能化現出它祈願落實的一切。

愛，源自於真心的讚美與感恩，當所有的念頭都沉靜下來，愛自然從心底湧現。愛，是一種想要涵容一切、容納百川的真實渴望。愛，是以孩童純真的眼光親近世界，彷彿一切都是初次相見。因為明白一切不過是我們自身安排的自然展現，愛讓我們看見，連朝向自己射來的飛鏢，都不過是孩子無邪的遊戲。愛，是我們想要涵攝眼前一切（包括苦痛）的由衷心願。愛，能銷融一切念頭與心結。愛，不識得任何名字和標籤。感受永存於心的愛，不需任何條件。在愛的跟前無需解釋、沒有道理。因為，愛和光明一樣，是生命最根本的磐石。

心中常懷讚美、感恩與愛，我們不再是渺小卑微的凡夫俗子。儘管生活忙碌如昔，我們仍能在塵世間體現內心的神聖。

在讚美、感恩與愛中，我無條件地守候著你。

15 我是誰？

……我到底是誰？

採用這個問題，作為一個修行方法，用的也就是禪宗和後世許多大聖人，包括印度成道者——拉瑪那・馬哈希的教學方法。「我是誰？」本身含的全面的領悟，是我想透過這本書帶出來的。「我是誰？」也是集中了人類最高的學問，把幾個大的宗教和哲學系統自然整合了。由此，在華人的傳承裡衍生出來的「話頭」，還進一步分成不同的派別，生出各式各樣更多的話頭。但是，「我是誰？」等於是話頭中的話頭，也就是最重要的話頭。

「我是誰？」一追究下去，其實沒有答案。我這麼一講，可能正興沖沖想修這個方法的朋友，馬上就掃興了。但是，我這麼講，同時也為你省下不少時間。我為什麼要那麼直接把答案說出來？因為考慮到任何語言都受到一時一地的局限。當時，這幾句話確實有相當強烈的啟發作用。然而，時間久了，這幾句話就變成口號，化為一個系統。練習的人，透過邏輯就可以去解開，卻得不到心理的轉化。

也正因為如此，禪宗開始有各種宗派，用更新鮮的表達方式，帶給頭腦一個全新的刺激。

所以，我在這本書很少提到「開悟」、「修行」、或是「當下」、甚至「空」這些詞彙。因為這些名詞，跟其他許多名稱都已經變成口號，落入了一個完整的系統。只要透過邏輯腦，都可以解開，反而失去了讓我們從這人間跳出來的力道。也因為如此，我多年來，在東方很少見到有領悟的朋友。雖然，東方可說是世界重要哲學和靈修的發源地，但是，上千年來，都被語言綑綁住了。雖然這麼講，我前面也表達過，地球的頻率正在大幅度的提升。從來沒有一個時代，能讓人類這麼大規模地醒覺過來。我，希望你也是其中一位。

從「我是誰？」自然會回答到——我，就是我。再進一步，可能會到——「我，就是」。「我，是」。最後可能只剩「我」。它沒有一個合理的答案。因為這個問題本身就不合理。

這個問題也只是個路標，是來傳達——「我」想得出來的任何回答，都還在一個客體局限的意識打轉。然而，這個客體局限的意識，會分派出一個主體，以及一個客體。也就是——「我」，以及我在「做什麼」、我「是什麼」、我「是誰」。所以，不管怎麼分析，不管怎麼努力去追求，都還離不開一個分別、局限的客體意識的範疇。

再強調一次，這麼分析、這麼追求，還是在一個「動」的狀態。就連我們一般人常談的「成為」都還離不開「動」，最多只是微細一點的「動」。比如說——成為聖人、成為開悟的人、成為有道之人、成為大成就者。還是離不開局限的境界。

「我是誰？」這個問題，是要表達無色無形的層面，也就是「我」……接下來就沒有了。

我只能輕輕鬆鬆存在。只有透過存在，我才可以透過最原初的知覺看著一切。只要有下一句話，馬上造出一個客體，把無色無形的無限，限縮出一個個小小的「有」。這兩個層面的邏輯——局限（相對）vs. 無限（絕對），表面上有個對立。其實，兩者可以同時存在，這才是人生最大的機密。這裡，把這個鑰匙交給你了

有趣的是，所有的經典也只是表達這個重點。不用說佛經了，在整個

大藏經，佛陀都一再的帶回來這個重點。六祖的《壇經》以及後人的論，也還是強調這一點。更有趣的是，猶太人的古聖經《律法書》也提到過，當時摩西到山頂上問上帝的名字，上帝的回答是：I Am that I Am.[23]原本講 I Am. 我是，就夠了。但是在後頭加上 that I Am. 是擔心這麼講不夠清楚，還在等下一句是什麼。所以，I Am. 再重複了一次——我是。我就是。

我是什麼？我是。我就是。

耶穌在《聖經》又提了一次「還沒有亞伯拉罕就有了我。」（Before Abraham was, I am.）[24]。也就是說，無始以來，這個一體的意識，也就是上帝，就已經在了。而且，永遠會在。所以，它站在上帝（主）的角色回答：我是，我就是，我輕輕鬆鬆存在。而且，永遠存在。我其實跟這人間所造出來的規則和限制不相關。但是，人生一切的限制和狀況，也只是從「無有」所誕生出來的，一點矛盾都沒有。

最後，我把這段作為結語，來表達我對佛經、聖經、道家的典籍，以及釋迦牟尼佛、耶穌、老子、六祖、拉瑪那．馬哈希……所有古人留下的智慧結晶的最高敬意。有一天，我會把個人的小小經歷跟大家分享，雖然不曉得值不值得分享。因為人生就是一趟旅程，而我不過有我個人的旅程。

簡單說，我從小受到天主教《聖經》、猶太人《古聖經》的薰陶。還不到四五歲，就接觸到耶穌，啟發了我對生命根源的探索。後來二十幾歲時，因緣湊巧，在書封上看到了拉瑪那・馬哈希的照片，淚流不止。當時，他的英譯作品不會超過兩本，就讓我遇上了。從拉瑪那・馬哈希，我接觸了六祖的《壇經》，讓我腦海「粉碎」，在意識上沒有第二條路可退。從六祖，我才進一步接觸釋迦牟尼佛的教誨，這是我這一生最大的福報。從佛教，又自然延伸到道家、儒家跟蘇格拉底等等西方大學者的思想。又常常夢到未來佛——也就是大家所稱的彌勒佛，以及未來的基督所想教的一切，也就是超越任何宗教的真理。

到最後，我發現全部沒有一點矛盾，《全部的你》所想表達的，也都離不開這些真理。透過《全部的你》，我也只想表達這些。

我什麼都不知道。也沒有任何我所知道的東西，是真相。因為，我什麼都不知道，我、你或任何人跟過去全部的聖人連起來了。因為，我什麼都

23《律法書》英文為 *Torah*，中譯作《律法書》或《妥拉》古聖經。摩西這段經歷記載於《律法書》〈出埃及記〉3:14。

24〈約翰福音〉8:58。本句中譯出自現代標點和合本，英譯出自欽定本《聖經》。我也常引用 Before Abraham was born, I am. 或是 Before Abraham ever was, I am. 這兩種英譯。

不知道。我這裡只能感謝過去所有的老師，讓我這一生把全部的生命找回來。假如可以把這一全部的生命傳達出來，帶來給這個世界，這是我這一生最渴望的。

醒覺過來，一個人只能充滿著感恩，充滿著光明，充滿著愛，充滿著智慧，對著天地表達──「一切如此，也只能如此，不可能不如此」。就這樣，輕輕鬆鬆，也就跟人類全部的大聖人接軌。接下來，就沒什麼話好說了。

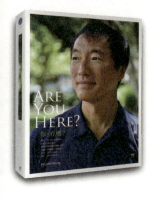

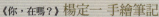

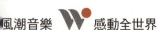

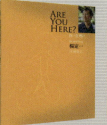

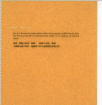

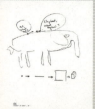

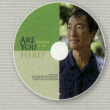

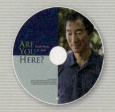

國家圖書館出版品預行編目(CIP)資料

全部的你 / 楊定一著. -- 第一版. -- 臺北市
: 天下生活, 2016.06
面；　公分. -- (楊定一書房 ; 1)
ISBN 978-957-0388-81-7(平裝)

1.靈修
192.1　　105008166

■插畫家作品列表
插畫家李研慧、曾曼榕作品列表（卷別－章別－圖順序）
李研慧 yenhuekimo@yahoo.com.tw
1-2-1, 1-3-1, 1-5-1, 1-5-2, 1-7-2, 1-7-3, 1-7-4, 1-10-1, 2-6-1, 3-1-1, 3-2-2, 3-3-1, 3-4-1, 3-5-1, 3-6-1, 3-8-2, 4-2-1, 4-2-2, 4-2-3, 4-3-1, 4-5-1,4-5-2,4-10-1, 5-2-1, 5-2-2, 5-5-1, 5-6-1, 5-7-1, 5-8-1, 6-4-1, 6-9-1,
曾曼榕 canibeyouforawhile@gmail.com
1-1-1, 1-1-2,1-3-2, 1-7-1, 1-11-1, 1-11-2, 2-3-1, 2-4-1, 2-8-2, 3-5-2, 3-8-1, 4-1-1, 4-1-2, 4-4-1, 4-4-2, 4-6-1, 4-7-1, 4-11-1, 5-1-1, 5-3-1, 5-4-1, 5-6-2, 6-10-1, 6-11-1, 6-11-2,7-1-1, 7-2-1, 7-7-1, 7-7-2, 7-8-1, 7-9-1, 7-15-1

感謝馬奕安博士 (Jan Martel Ph.D.) 提供圖1-4-1。
盧峻嵘協作3-2-1, 4-11-1。

楊定一書房——全部生命系列001

全部的你

作　　者／楊定一　博士
卷名頁手稿圖／楊定一　博士
編　　者／陳夢怡
責任編輯／陳秋華
封面攝影／陳德信
封面設計・美術設計／蔡南昇、周世旻
插　　畫／李研慧、曾曼榕
插畫協力／盧岐嵘

發 行 人／殷允芃
康健雜誌社長／李瑟
總經理／梁曉華
總編輯／張曉卉
出 版 者／天下生活出版股份有限公司
地　　址／台北市104南京東路二段139號11樓
讀者服務／（02）2662-0332　傳真／（02）2662-6048
劃撥帳號／19239621天下生活出版股份有限公司
法律顧問／台英國際商務法律事務所・羅明通律師
印刷製版／中原造像股份有限公司
電腦排版／中原造像股份有限公司
裝 訂 廠／中原造像股份有限公司
總 經 銷／大和圖書有限公司　電話／（02）8990-2588
出版日期／2016年6月第一版第一次印行
定　　價／540元

ISBN：978-957-0388-81-7（平裝）
書號：BHHY0001P
天下雜誌網路書店 www.cwbook.com.tw
康健雜誌官網 www.commonhealth.com.tw
康健雜誌出版臉書 www.facebook.com/chbooks.tw